행복론

기파랑耆婆郎은 삼국유사에 수록된 신라시대 향가 **찬기파랑가**讚耆婆郎歌의 주인공입니다.
작자 충담忠談은 달과 시내와 잣나무의 은유를 통해 이상적인 화랑의 모습을 그리고 있습니다.
어두운 구름을 헤치고 나와 세상을 비추는 달의 강인함, 끝간 데 없이 뻗어나간 시냇물의 영원함,
그리고 겨울 찬서리 이겨내고 늘 푸른빛 잃지 않는 잣나무의 불변함은 도서출판 기파랑의 정신입니다.
www.guiparang.com

행복론

초판 1쇄 발행일 2013년 9월 2일
지은이 | 알랭
옮긴이 | 전종윤
펴낸이 | 안병훈
북디자인 | 김정환
펴낸곳 | 도서출판 기파랑
등록 | 2004년 12월 27일 제300-2004-204호
주소 | 서울시 종로구 동숭동 1-49 동숭빌딩 301호
전화 | 763-8996 편집부 3288-0077 영업마케팅부
팩스 | 763-8936
이메일 | info@guiparang.com
홈페이지 | www.guiparang.com

ISBN 978-89-6523-904-8 03300

행복론

알랭 지음 | 전종윤 옮김

기피링 에크리 Ecrit

목차

01. 부케팔로스   9

02. 자극   12

03. 슬픈 마리   14

04. 신경쇠약   18

05. 우울증   20

06. 정념   23

07. 두려움이 병이다   26

08. 상상력에 대해   29

09. 정신의 병   32

10. 아르강   35

11. 의약   37

12. 미소   40

13. 사고   43

14. 참극   46

15. 죽음에 대해   48

16. 태도   51

17. 체조   54

18. 기도   57

19. 하품하는 법　　　　　　　　　　　60

20. 기분　　　　　　　　　　　　　　63

21. 성격　　　　　　　　　　　　　　66

22. 숙명　　　　　　　　　　　　　　68

23. 예언적인 영혼　　　　　　　　　　71

24. 우리의 미래　　　　　　　　　　　74

25. 예언　　　　　　　　　　　　　　77

26. 헤라클레스　　　　　　　　　　　80

27. 의지　　　　　　　　　　　　　　84

28. 누구나 원하는 것을 얻게 된다　　　87

29. 운명에 대해　　　　　　　　　　　90

30. 절망하지 말라　　　　　　　　　　95

31. 대초원에서　　　　　　　　　　　98

32. 이웃의 정념　　　　　　　　　　101

33. 가정에서　　　　　　　　　　　104

34. 배려　　　　　　　　　　　　　106

35. 가정의 평화　　　　　　　　　　108

36. 사생활에 대해　　　　　　　　　110

37. 부부　　　　　　　　　　　　　114

38. 권태　　　　　　　　　　　　　116

39. 속도　　　　　　　　　　　　　119

40. 도박　　　　　　　　　　　　　122

41. 희망　　　　　　　　　　　　　125

42. 행동　　　　　　　　　　　　　128

43. 행동하는 사람　　　　　　　　　131

44. 디오게네스 133

45. 이기주의자 137

46. 왕은 무료하다 140

47. 아리스토텔레스 142

48. 행복한 농부들 146

49. 노동 149

50. 제작 151

51. 멀리 보라 154

52. 여행 157

53. 단도의 곡예 159

54. 허풍 161

55. 넋두리 164

56. 정념의 웅변 167

57. 절망에 대해 169

58. 연민에 대해 172

59. 타인의 불행 175

60. 위안 179

61. 사자死者 숭배 181

62. 어리석은 사람 184

63. 비를 맞으며 187

64. 흥분 190

65. 에픽테토스 193

66. 스토아 학파 196

67. 너 자신을 알라 198

68. 낙관주의 201

69. 매듭을 풀다   204

70. 참을성   207

71. 친절   209

72. 욕설   212

73. 유쾌함   215

74. 어떤 요법   218

75. 정신위생   220

76. 모유찬가   223

77. 우정   226

78. 우유부단   228

79. 의식   231

80. 새해   234

81. 소망   237

82. 예의   240

83. 처세술   243

84. 다른 사람을 즐겁게 하라   246

85. 의사 플라톤   249

86. 건강법   251

87. 승리   254

88. 시인   257

89. 행복은 미덕이다   260

90. 행복은 관대한 것   262

91. 행복해지는 법   265

92. 행복해야 할 의무   268

93. 맹세하라   271

01. 부케팔로스

어린아이가 울어 달랠 수 없을 때, 유모는 이 아이의 성격과 이 아이가 좋아하는 것과 싫어하는 것에 대해 온갖 그럴듯한 추측을 하게 된다. 심지어는 유전까지 들먹이면서 이 아이에게서 아버지의 모습을 찾기도 한다. 그런데 유모의 이런 심리학적 노력은 이 아이가 진짜 우는 이유가 '핀'이라는 것을 알아낼 때까지 계속된다.

알렉산더 대왕이 젊었을 때 명마名馬 부케팔로스를 선물로 받은 적이 있었다. 이 말은 아주 사나워서 어떤 조련사도 타지 못했다. 아마 보통 사람이라면 이렇게 말했을 것이다. "성질이 고약한 말이군." 하지만 알렉산더 대왕은 '핀'을 찾아냈다. 부케팔로스가 자기 그림자를 보고 무서워서 날뛴다는 것을 알아차렸던 것이다. 부케팔로스가 겁을 먹어 날뛰게 되면 그림자도 덩달아 움직이게 되어 계속해서 무서워 날뛰었던 것이다. 하지만 알렉산더 대왕은 부케팔로스를 붙잡은 뒤 코를 해 방향으로 치켜들어 안심시키면서 힘을 빼게 할 수 있었다. 이처럼 아리스토텔레스의 제자인 알렉산더 대왕은 인간이 정념의 진정한 원인을 알지 못하는 한 이 정념에 대해 무기력해 질 수밖에 없다는 사실을 이미 알고 있었다.

많은 사람들이 공포를 느끼는 이유를 논리적으로 설명했다. 하지만 공포를 느끼는 사람은 그런 이유를 들으려 하지 않는다. 그는 단지 심장박동과 맥박 뛰는 소리만을 들을 뿐이기 때문이다. 머리로 생각하는 사람은 위험에서 공포를 추론하지만, 열정적인 사람은 공포에서 위험을 추론한다. 이들은 둘 다 옳기를 바란다. 하지만 둘 다 오류를 범하고 있다. 머리로 생각하는 사람은 이중으로 오류를 범하고 있다. 그는 진정한 원인을 모를 뿐만 아니라 열정적인 사람의 오류마저도 이해하지 못한다. 공포를 느끼는 사람은 실질적이고 확인된 공포를 설명하기 위해 제멋대로 어떤 위험을 생각해 낸다. 그런데 전혀 위험이 없음에도 조금만 놀라게 되면 공포를 느끼는 법이다. 가령 아주 가까운 곳에서 갑자기 총소리가 나거나 생각지도 않은 사람이 갑자기 나타나기만 해도 깜짝 놀라게 된다. 마세나 장군도 조명이 어두운 계단에 서 있는 조각상을 보고 무서워서 줄행랑을 친 적이 있었다.

너무 오래 서 있으면 사람은 초조함이나 짜증을 느끼기 마련이다. 이 경우 그의 짜증에 대해 추론하기보다는 그에게 의자를 내주도록 하라. 정치가 탈레랑은 인간에게는 친절이 제일이라고 말했다. 그는 이 말을 하면서 그가 생각할 수 있는 이상의 것을 말한 셈이다. 그는 상대방이 기분 상하지 않게 하려고 '핀'을 찾아냈던 것이다. 요즘 외교관들은 옷에 '핀'을 잘못 꽂고 다니다 보니 유럽에서 분쟁이 자주 발생한다. 누구나 다 알고 있듯이 한 아이가 울면 다른 아이도 따라 울게 된다. 가장 안 좋은 상황은 그들이 모두 서로 경쟁이라도 하듯 기를 써서 울어 대는 것이다. 이럴 때 경험 많은 유모는 아이를 방바닥에 엎드려 놓는다. 이렇게 아이의 자세를 바꿔주면 기분도 달라지는 법이다. 이것이 바로 쉽게 설득하는 방법이다. 나는 1914년 1차 세계대전의 재앙은 주요 인물들이 모두 깜짝 놀란 데서 발생했다고 생각한다. 느닷없이 깜짝 놀랐으니 모두가 무서워한 것은 당연하다. 무서움을 느끼게 되면 사람은 쉽게 화를 낸다. 또한 흥분은 짜증으로 이어진다. 사람이 휴식이나 여흥을 취할 때 방해를 받으면 짜증이 나게 마련이다. 그러면 기분이 바뀌고, 그것도 지나치게 바뀌기도 한다. 그는 깜짝 놀라 잠을 깬 사람처럼 너무 빨리 잠에서 깨게 된다. 절대로 인간이 사악하다고 말하지는 말라. 즉 인간이 이러저러한 못된 성격을 가졌다고 말하지 말라. 그보다는 그의 몸에 박힌 '핀'을 찾도록 하라.

(1922년 12월 8일)

02. 자극

음식물이 목에 걸리면 몸에 대소동이 발생한다. 마치 온몸에 위험을 알리기라도 하듯이 말이다. 근육이란 근육은 다 뻣뻣해지고 심장도 그렇게 된다. 일종의 경련 상태가 발생하는 것이다. 이럴 땐 어떻게 해야 하는가? 모든 상황을 참고 따르는 수밖에 없지 않은가? 철학자들은 이렇게 말할 것이다. 왜냐하면 경험이 부족하기 때문이다. 하지만 만일 어떤 학생이 "저는 어떻게 할 수 없습니다. 온몸의 근육이 경직되고 동시에 경련이 나는 것을 막을 수가 없습니다."라고 말한다면, 체육 선생이나 검도 선생은 웃을 것이다. 나중에 변명의 길을 남겨두기 위해 상대의 승낙을 얻은 다음, 죽도竹刀로 세게 때린 고집 센 사람을 나는 알고 있다. 모두가 아는 사실이지만, 근육은 말 잘 듣는 개처럼 머리가 생각하는 대로 따라 간다.

내가 팔을 뻗으려고 하면 팔은 곧게 뻗어진다. 따라서 방금 예로 들었던 몸의 경련이나 소동의 주요 원인은 정확히 어떤 조치를 취해야 할지를 모르는 데 있었던 것이다. 음식물이 목에 걸렸다면, 몸의 긴장을 풀고, 특히 숨을 세게 들이쉬면 더 심해지므로 목에 걸린 작은 조각을 밖으로 밀어내는 조치를 취해야 한다. 다른 경우도 마찬가지이다. 목에 걸린 음식을 조각을 뱉어내듯이 공포심도 몰아내도록 해야 하는 것이다.

　감기에 걸려 기침을 할 때도 이와 같은 해결 방법이 있지만 별로 쓰이지 않는다. 대부분의 사람이 가슴을 쥐어뜯을 정도로 심하게 기침을 하면서 힘들어한다. 또한 그 때문에 발작을 일으키고는 지쳐서 화를 내게 된다. 이에 대해 의사들은 기침을 가라앉히는 약을 발명했다. 나는 이 약의 주요 작용이 삼키는 데 있다고 생각한다. 삼킨다는 것은 강력한 반작용이다. 이것은 기침보다 자의적이어서 수월하게 할 수 있다. 삼킨다는 경련 때문에 기침한다는 다른 경련이 불가능해진다. 이것 역시 어린아이를 바닥에 엎어 놓는 것과 마찬가지이다. 하지만 나는 이 고통스러운 기침을 처음부터 억눌러버리면 약을 먹지 않아도 가라앉힐 수 있다고 생각한다. 처음부터 아무런 편견 없이 태연하게 있으면 처음의 자극은 얼마 지나지 않아 사라지게 될 것이다.

　자극이란 말은 여러 가지를 생각하게끔 한다. 말이란 아주 교묘해서 이 자극이라는 말은 여러 가지 정념 중 가장 강력한 정념을 가리키기도 한다. 나는 분노에 사로잡힌 사람과 기침을 심하게 하는 사람 사이에는 별 차이가 없다고 생각한다. 공포도 육체의 고통의 일종이다. 그런데도 사람들은 몸을 단련시킴으로써 거기에 맞서 싸울 줄을 모른다. 앞에서 말한 모든 경우에 나타나는 잘못은 인간의 사고를 정념에 예속시키고, 난폭한 열정에 사로잡혀 공포나 분노 속에 자신을 내맡긴다는 점에 있다. 요컨대 우리는 정념으로 병을 악화시키는 것이다. 그것이 바로 체육다운 체육을 배우지 못한 사람들의 운명이다. 체육다운 체육이란, 그리스인들이 이해했던 것처럼, 몸의 움직임을 이성으로 올바르게 지배하는 것이다. 물론 모든 움직임에 대한 지배는 아니다. 하지만 중요한 것은 난폭하게 움직여서 자연스러운 반작용을 방해해서는 안 된다는 점이다. 인간숭배의 참된 대상인 가장 아름다운 조상彫像을 표본으로 제공하면서 어린아이들을 교육해야 할 필요가 있다는 것이 내 생각이다. (1912년 12월 5일)

03. 슬픈 마리

한 심리학 교수가 자기 진료실에서 만난 '슬픈 마리와 즐거운 마리'에 관한 이야기를 통해 조울증에 대해 생각해 보는 것도 의미가 있다. 이 이야기는 이미 잊혔지만 기억해둘 만한 가치가 있다. 이 소녀는 시계처럼 정확하게 한 주일은 명랑하고 다음 한 주일은 우울하게 보냈다. 명랑할 때는 모든 일이 순조로웠다. 비 오는 날도 화창한 날과 마찬가지로 좋아했고, 아주 사소한 우정의 표시로도 뛸 듯이 기뻐했다. 사랑에라도 생각이 미치면 이렇게 말하곤 했다. "나는 정말 운이 좋아!" 그녀는 전혀 지루해하지 않았다. 가장 하찮은 생각도 마치 모든 사람의 마음에 드는 싱싱하고 예쁜 꽃처럼 찬란한 빛을 발했다. 그녀는 내가 여러분에게 권하고 싶은 그런 상태에 있었다. 그런데 현자의 말과 같이 모든 단지에는 두 개의 손잡이가 있는 법이다. 이와 마찬가지로 모든 일에는 두 면이 있는 법이다. 나쁘다고 생각하면 언제나 나쁘게 보이고, 좋다고 생각하면 언제나 좋게 보이는 법이다. 또한 행복해지려는 노력은 결코 헛수고로 끝나지 않는다.

하지만 마리는 행복한 일주일을 보낸 뒤 분위기가 완전히 바뀌어 걷잡을 수 없는 권태에 빠졌다. 어떤 일에도 흥미를 느낄 수 없었다. 모든 것이 시시하게 생각되었다. 그녀는 더는 행복이라는 것을 믿지 않았다. 사랑도 믿지 않았다. 아무도 자기를 사랑해주지 않고 또 그것이 당연하다고 생각했다. 자신을 어리석고 따분한 여자라고 판단했다. 자기의 병을 생각하고는 그 때문에 병을 더 악화시켰다. 그녀는 그걸 알고 있었다. 끔찍한 방법으로 자신을 조금씩 죽이며, 이렇게 말하곤 했다. "당신이 나에게 관심 있는 것처럼 말하지만, 나는 그런 연극에 속아 넘어가지 않아요." 그녀는 칭찬해주면 놀린다고 생각했고, 친절을 베풀면 모욕한다고 생각했다. 비밀은 엉큼한 음모로 여겼다. 이와 같은 상상력의 병에는 약이 없다. 불행한 자에게는 아무리 좋은 일도 의미가 없다. 행복해지기 위해서는 우리가 생각하는 것 이상으로 의지와 힘이 필요하다.

그러나 이 심리학 교수는 용기 있는 자를 위해 더욱 잔혹한 교훈, 더욱 가혹한 시련을 발견했다. 인간의 마음에서 일어나는 주기적인 변화에 대해 많은 관찰과 측정을 하는 과정에서 하루는 혈액 lcc에 들어 있는 적혈구 수를 세어 보게 됐다. 그러자 뚜렷한 법칙이 드러났다. 즐거운 기간이 끝날 무렵에는 적혈구 수가 줄어들고, 슬픈 기간이 끝날 무렵이 되면 다시 많아졌다. 적혈구 수의 많고 적음이 바로 그 상상으로 말미암은 병의 원인이었던 것이다. 이렇게 해서 의사는 마리의 까다로운 변덕에도 이렇게 대답할 수 있었다. "안심하십시오. 내일이면 행복해질 겁니다." 하지만 그녀는 의사의 말을 믿으려 하지 않았다.

자기만 슬프다고 생각하는 한 친구가 나에게 물었다. "당연하지 않은가. 우리로서는 어떻게 할 수가 없네. 생각만으로 적혈구를 만들 수는 없는 노릇이네. 따라서 어떤 철학도 소용이 없네. 이 드넓은 우주는 법칙에 따라 우리에게 여름과 겨울, 비 오는 날과 화창한 날을 주듯이 기쁨과 슬픔을 주는 걸세. 행복해지고 싶다는 소망은 산책하고 싶다는 소망과 별반 다를 것이 없다네. 내가 저 골짜기에 비를 내리게 할 수는 없네. 마음속에서 우울의 씨를 만드는 것도 아니네. 나는 그것을 참고 있는 걸세. 내가 참고 있다는 것을 잘 아네. 좋은 위안이 된다네."

 하지만 이건 그렇게 간단한 문제가 아니다. 엄격한 판단, 불길한 예언, 가슴 아픈 추억을 되새겨 보면 당연히 슬픔이 밀려온다. 말하자면 슬픔의 맛을 음미하는 것이다. 하지만 슬픔의 배후에 적혈구 수의 증감이 있다는 것을 알게 되면, 슬픔에 대한 추론은 우습게 생각될 것이다. 몸속에 처박아 버린다면, 슬픔은 그저 피로나 병에 지나지 않는다. 사람들은 배신보다는 위의 통증을 잘 견뎌낸다. 진정한 친구가 없다고 말하는 대신에 적혈구 수가 부족하다고 말하는 편이 더 낫지 않은가? 정열적인 사람은 이론도 진정제도 동시에 다 물리친다. 내가 말하는 이 방법을 사용하면 이 두 가지 치료법에의 문이 동시에 열린다. 꽤 주목할만 하지 않은가? (1913년 8월 18일)

04. 신경쇠약

요즘 같은 우기雨期에는 남녀를 불문하고 사람들의 기분도 날씨만큼이나 변덕스럽다. 학식도 풍부하고 사리도 꽤 밝은 한 친구가 어제 내게 이런 말을 했다. "요즘 나 자신에 대해 만족할 수가 없네. 하던 일이나 카드놀이를 중단하면 곧장 자질구레한 생각이 머리에 떠올라서 기쁜가 하면 곧 슬퍼지고 슬픈가 하면 곧 기뻐지네. 금방 색이 변하는 비둘기의 목 털보다도 더 빨리 기분이 변한다네. 그 원인이란 것이 편지를 써야 한다거나 전차를 놓쳤다거나 외투가 너무 무겁다거나 하는 정도일세. 그런데 그런 것이 진짜 불행이라도 되는 것처럼 아주 중요하게 느껴지네. 이런 일 모두 나와 상관없다고 혼자 이해하려 해도 소용이 없네. 내 이성은 젖은 북처럼 전혀 기능을 못하네. 요컨대 내가 가벼운 신경쇠약에 걸린 것이 아닌가 생각하네."

나는 그에게 이렇게 말했다. "과장된 말은 하지 말고 사태를 잘 이해하도록 하게. 그런 일은 누구나 다 겪는다네. 다만 자네는 너무 총명해서 자기 자신에 대해 너무 많이 생각하고, 또 왜 기뻐하고 슬퍼하는지를 따져보려고 하는 게 탈이네. 왜 기뻐하고 슬퍼하는지에 대한 이유를 잘 설명할 수 없으니까 스스로에게 화가 나는 걸세."

"사실 행복해지거나 불행해지는 것은 대수롭지 않은 일이네. 모든 것이 우리의 몸과 그 기능에 달려 있네. 가장 튼튼한 기관도 날마다 수축과 이완을 반복하네. 그리고 식사, 보행, 주의력, 독서, 날씨 등에 따라 여러 번 변하네. 자네 기분도 이런 것들에 따라 바다에 떠 있는 배처럼 오르락내리락하는 걸세. 단지 평소에는 눈에 잘 띄지 않을 뿐이네. 일에 몰두하면 그런 것들을 전혀 생각하지 않게 되지. 하지만 여유가 생겨 곰곰이 생각하자마자 자질구레한 이유가 한꺼번에 밀려들게 되지. 그런데 자네는 그것이 결과인데도 원인이라고 생각하네. 예민한 사람은 슬프면 슬픈 이유를, 기쁘면 기쁜 이유를 반드시 찾아낸다네. 한 가지 이유가 두 가지 목적에 이용되는 예도 있다네. 몸이 아파 고통을 겪던 파스칼은 수없이 많은 별을 보고 두려움을 느꼈다네. 그런데 그가 별들을 쳐다보면서 엄숙한 전율을 느꼈던 진정한 이유는 분명 창가에 서 있는 동안 그가 자신도 모르게 추위를 느꼈기 때문이었네. 다른 건강한 시인이었더라면 애인에게 속삭이듯이 별에게 말을 걸었을 걸세. 두 사람은 별이 가득한 하늘에 대해 아주 멋진 말을 했을 걸세. 문제와는 아무 상관도 없는 멋진 말을 말일세."

"스피노자는 이렇게 말했네. 인간은 정념을 갖지 않을 수 없다. 하지만 현자는 마음속으로 행복한 생각을 많이 하고 있어서 그 곁에 정념이 조금밖에 남아 있지 못한다고 말일세. 스피노자의 어려운 논리를 따르지 않더라도 우리는 그를 본받아 음악, 그림, 담화와 같은 많은 행복을 만들 수가 있네. 이 행복은 우리의 우울 같은 것을 아주 사소한 것으로 만들고 말걸세. 사회생활을 하는 사람들은 작은 의무감만으로도 곧잘 노여움을 잊게 되네. 우리는 진지하고 유용한 일, 책, 친구들을 좀 더 잘 이용하지 못한 것을 부끄럽게 생각해야 하네. 가치 있는 일에 관심을 두지 않는다는 것은 평범하지만 공통적인 실수인데다가 큰 잘못이지. 우리는 가치 있는 것에 기대를 건다네. 누구나가 갈망하고 있는 것을 원한다는 것은 종종 상당한 기술을 필요로 하네." (1908년 2월 22일)

05. 우울증

얼마 전에 신장 결석으로 앓아누운 친구를 문병 간 일이 있었다. 그는 아주 침울해 보였다. 다들 알고 있듯이 이런 종류의 병에 걸리면 마음이 우울해지는 법이다. 내가 그런 얘기를 하자 그 친구도 인정했다. 그래서 나는 이런 결론을 내렸다. "병에 걸리면 우울해진다는 사실을 자네도 알고 있으니, 자넨 우울해져도 놀라거나 언짢아해서는 안 되네." 그는 어느 정도 타당해 보이는 내 말을 듣고는 웃었다. 이것은 결코 작은 효과가 아니다. 나는 이처럼 약간은 우스워 보이는 형태로 불행에 빠진 사람들이 도외시하는 점을 이야기한 셈이다.

몸이 아프면 깊은 슬픔에 빠지게 된다. 아파서 슬픈 게 아니라면 곧 평안해질 것이다. 우리가 생각하는 것 이상으로 말이다. 또한 피로나 몸의 어느 부위에 있는 결석이 생각을 무겁게 만들지 않는 한, 불행에 대해 생각하는 것 자체가 괴롭히기보다는 오히려 놀라게 해 그 불행에 눈을 뜨게 만든다. 대부분의 사람은 이 사실을 부인한다. 그리고는 그들이 불행 속에서 괴로워하는 것은 이 불행에 대해 생각하기 때문이라고 주장한다. 물론 누구나 불행할 때는 어떤 이미지들이 발톱이나 가시 같은 것으로 괴롭힌다고 쉽게 생각한다는 것을 나도 인정한다.

하지만 소위 우울증 환자들을 생각해보자. 그들은 무슨 생각을 하든 늘 슬퍼지는 이유를 찾아낸다는 것을 알 수 있다. 그들은 아무리 좋은 말을 해줘도 상처를 받는다. 동정하면 모욕 당했다고 화를 내고, 또 자신들이 말할 수 없이 불행하다고 생각한다. 그러면서도 동정해주지 않으면 이 세상에 친구 하나 없는 외톨이라고 생각한다. 이처럼 그들은 생각이 흔들릴 때마다 항상 불쾌한 쪽으로만 관심을 돌려 병을 악화시킨다. 그리고 계속해서 여러 가지 이유를 대며 슬프다고 생각하는 한, 자신들의 슬픔을 되씹을 수밖에 없다. 우울증 환자들은 슬픔에 빠진 인간의 모습을 확대해서 보여준다. 그들에게 분명한 것, 즉 슬픔이 병이라는 사실은 모두에게도 사실이다. 고통이 심해지는 것은 분명 우리가 고통스러울 때 왜 그런지를 따지다가 오히려 아주 예민한 부분을 건드리기 때문이다.

따라서 정념을 격정적으로 자극하는 이런 종류의 정신착란에서 벗어나기 위해서는 자신에게 이렇게 타일러야 한다. 슬픔은 병에 지나지 않는다, 그러니 이런저런 이유나 원인을 따지지 말고 병이라고 생각하고 참아내야 한다고 말이다. 그렇게 하면 마음에 걸리는 여러 이유를 몰아낼 수 있다. 우리는 슬픔을 위장병 정도로 간주하게 된다. 또한 이런저런 이유를 늘어놓지 않는 우울증이나 잠깐 의식을 잃은 기절 상태에 이르게 된다. 그러면 더 이상 비난을 하지 않게 되고, 참을 수 있게 되고, 마음이 진정된다. 그렇게 되면 아주 온당한 방법으로 슬픔을 물리칠 수 있다. 이것이 바로 기도祈禱가 겨냥해 온 것이다. 이것은 굉장한 발견이다. 엄청난 존재 앞에서, 모든 것을 알고 있고 모든 것을 꿰뚫어보는 지혜 앞에서, 불가사의한 위엄 앞에서, 측량할 수 없는 정의 앞에서, 경건한 사람들은 생각하는 일을 포기하게 된다. 착한 마음으로 간절히 기도하면 분명 곧 많은 것을 얻게 된다. 분노를 가라앉히는 일은 중요하다. 또한 기도함으로써 우리는 자연스럽게 불행을 헤아리는 상상력을 마비시키는 일종의 아편을 복용하는 것이다. (1911년 2월 6일)

06. 정념

병보다 정념이 더 견디기 어렵다. 왜냐하면 정념은 전적으로 우리의 성격이나 생각에서 비롯되는 듯하지만, 동시에 어쩔 수 없는 필연성의 표지가 있기 때문이다. 몸에 상처가 나서 아파지면 그렇게 될 수밖에 없었던 필연적인 주위의 사정을 인정하게 된다. 그리고 아픈 것을 제외하면 만사가 순조롭다. 눈앞에 있는 어떤 대상이 그 모양, 소리, 냄새 등에 의해 공포나 욕망과 같은 격한 감정을 불러일으킬 경우, 우리는 마음의 평온을 되찾기 위해 그 대상을 비방하거나 피할 수도 있다. 하지만 정념에 대해서는 아무런 방도가 없다. 내가 사랑하든 미워하든, 내 눈앞에 반드시 어떤 대상이 존재할 필요가 없기 때문이다. 나는 마치 시를 쓰는 것처럼 마음의 작용을 통해 대상을 상상하고 변화시키기도 한다. 모든 것이 그 대상에 집중된다. 이와 같은 추론은 궤변적이기는 하지만, 그래도 나에겐 그것이 정당하게 보인다. 그리고 가끔 그런 명석함에 우쭐해지기도 한다. 인간은 감정에 의해 그토록 괴로워하지는 않는다. 심한 공포를 느끼면 당신은 달아난다. 이때 당신은 당신 자신을 전혀 생각하지 않게 된다. 그러나 당신이 이 공포를 느꼈다는 것에 누군가 수치를 준다면, 이 수치심은 분노나 변명으로 바뀌게 된다. 특히 밤에 혼자 잠을 잘 때 그 수치심이 눈앞에 어른거리면 도저히 견딜 수 없게 된다. 왜냐하면 달리 할 일이 없으니 그 수치심을 고스란히 맛보아야 하기 때문이다. 당신이 쏘았던 화살이 그대로 되돌아오는 것이다. 당신이 곧 당신 자신의 적인 셈이다. 정열적인 사람이 자기는 아프지 않고 당분간은 잘 지내는데 방해하는 것이 아무것도 없다고 단언한다면, 이렇게 생각하기에 이른 것이다. "나의 정념은 곧 나 자신이다. 그리고 그건 내 뜻대로 되지 않는다."

정념 속에는 항상 얼마간의 후회와 공포가 있다. 그리고 그것은 당연한 현상으로 보인다. 왜냐하면 사람은 보통 이렇게 자문하기 때문이다. "나는 왜 이렇게 나 자신을 다스리지 못할까? 똑같은 일을 이렇게 반복해야 하는 걸까?" 바로 거기에서 굴욕감이 유래한다. 그러나 두려움 역시 마찬가지이다. "내 생각이 잘못됐다. 내가 내 생각에 반대해서 추론했다. 내 생각을 마음대로 조종하는 이 마법과 같은 힘은 무엇일까?" 이렇게 생각하기 때문이다. 바로 거기에 마법이 나타난다. 사람들로 하여금 말이나 눈을 통해 비밀스러운 힘이나 나쁜 운명에 내던져졌다는 생각을 품게 하는 것은 바로 정념의 힘이나 노예근성이라고 나는 생각한다. 정열적인 사람은 자기가 병에 걸렸다고 판단하지 못하고 저주받은 것으로 판단한다. 이런 생각이 끝없이 커져 마침내 자기 자신을 괴롭히게 된다. 세상 어디에도 존재하지 않는 이 극심한 고통을 누가 설명할 수 있겠는가? 시시각각 더 심해지는 고통에 대한 생각 때문에 사람들은 기꺼이 죽음을 향해 달려가게 되는 것이다.

이 점에 대해 많은 사람이 글을 썼다. 그리고 스토아학파 사람들은 공포와 분노를 제어하는 훌륭한 이론을 남겼다. 하지만 누구보다 데카르트야말로 『정념론』에서 공포와 분노의 제어를 본격적으로 다룬 최초의 사람이었다. 데카르트 자신도 이것을 자랑스러워하고 있다. 그는 정념은 우리 인간들의 사유에 속하는 것이지만 전적으로 우리 몸의 움직임에 의존하고 있다고 주장했다. 고요한 밤에 똑같은 생각이 생생하게 되살아나는 것은 혈액 순환 때문이고, 신경이나 뇌 속을 도는 뭔지 모를 액체의 운행 때문이다. 우리는 보통 이런 몸의 움직임과 동요를 모르고 있다. 단지 그 결과만을 볼 뿐이다. 또 그것이 정념에서 비롯된다고 생각한다. 하지만 실제로는 몸의 움직임이 정념을 키우는 것이다. 이 점을 잘 이해한다면 꿈과 꿈보다 더 부자유스러운 꿈인 정념에 대해 숙고하고 판단하는 모든 수고를 덜 수도 있을 것이다. 자신을 책망하거나 저주하지 않고, 우리 모두가 복종할 수밖에 없는 외부적인 필연성을 인정하게 될 것이다. 그리고 이렇게 생각하게 될 것이다. "나는 슬프다. 모든 것이 다 어둡게 보인다. 하지만 여러 사건도 아무런 소용이 없다. 나의 추론도 아무런 소용이 없다. 추론하고자 하는 것은 바로 내 몸이다. 그것은 위장胃腸의 견해이다." (1911년 5월 9일)

07. 두려움이 병이다

나는 가끔 손금을 봐주던 나무꾼이 생각난다. 그는 거친 생활을 한 탓에 많은 징후를 예리하게 해석해내는 탁월한 능력을 지니게 됐다. 아마도 추측하건데 처음에 다른 점술가를 흉내 내어 손금을 보았을 것이다. 그러다가 보통 사람들이 눈길이나 표정에서 생각을 읽어내듯이, 손바닥에서 생각을 읽어내기 시작했다. 그는 클레르 센느의 숲 속에다 사원을 짓고 촛불을 켜놓고서 사람들이 찾아오면 손금을 보고 성격을 판단했다. 그의 판단은 신중했고 또 정확했다. 각각의 가까운 장래나 먼 장래의 일을 예언하기도 했다. 그 예언에 대해 웃는 자는 아무도 없었다. 나는 그의 예언 중 하나가 나중에 적중한 것을 본 적이 있다. 어쩌면 나는 그 기억에 뭔가를 덧붙였을 것이다. 왜냐하면 사건 속에서 예언의 결과를 보는 것은 아주 흥미로운 일이기 때문이다. 이 상상력의 유희는 나에게 한 번 더 충고를 해주었고, 또 내가 늘 신중하다는 것을 확인시켜 주었다. 그도 그럴 것이 나는 그 나무꾼은 물론 다른 누구에게도 손금을 보인 일이 없기 때문이다. 모든 불신不信의 힘은 신탁의 소리를 들으려 하지 않는 데 있다. 일단 신탁을 들으면 그것을 조금은 믿게 된다. 따라서 기독교의 혁명을 나타내는 신탁시대의 종말은 작은 사건이 아니다.

탈레스, 비아스, 데모크리토스와 또 다른 고대의 유명한 노인들도 어쩌면 머리카락이 빠지기 시작할 무렵에 혈압이 신통치 못했을 것이다. 하지만 그들은 그런 사실을 전혀 알지 못했다. 이것은 적지 않은 이익이었다. 테바이드의 은자들은 더 유리한 상황에 있었다. 그들은 죽음을 두려워하기는커녕 오히려 바랐기 때문에 아주 오래 살 수 있었던 것이다. 불안과 공포를 생리학적으로 자세히 연구해 보면, 그것이 다른 병에 더해져 악영향을 끼친다는 것을 알 수 있다. 그 결과 자기가 병에 걸렸다는 사실을 아는 사람, 그것도 먼저 의사의 진단으로 아는 사람은 이중으로 아픈 것이다. 물론 그 두려움 때문에 식이요법을 하거나 약을 먹으며 병과 싸워 이기려고도 한다. 하지만 어떤 식이요법과 약이 우리를 두려움에서 해방해 줄 수 있겠는가.

높은 데서 느끼는 현기증은 진짜 병이다. 이 병은 발을 헛디뎌 추락하는 사람의 절망적인 움직임을 흉내 내는 데서 비롯된다. 이 병은 전적으로 상상의 소산이다. 수험생이 갑자기 복통을 일으키는 것도 이와 같은 것이다. 답을 잘못 쓸지도 모른다는 두려움이 피마자기름처럼 강하게 작동하는 것이다. 이것으로 미루어 계속되는 두려움이 가져올 결과를 생각해보라. 그러나 두려움이 당연히 병을 더 악화시킨다는 점을 명심해야만 신중한 사람이 될 수 있다. 잠들지 못하는 것을 걱정하는 사람은 잠들기에 적당한 상태에 있지 못한 것이다. 위를 걱정하는 사람도 소화하기에 적합한 상태에 있지 못한 것이다. 따라서 병든 몸짓보다는 건강한 몸짓을 흉내 내야 한다. 이런 운동은 자세한 부분까지 알려지지는 않았다. 하지만 건강의 징후는 건강에 적당한 운동 이외의 다른 것이 아니라는 정리定理에 의해 예의 바르고 친절한 행동은 건강과 밀접한 관계가 있다고 단언할 수 있다. 따라서 환자가 자기 병에 관심을 두었으면 하고 바랄 정도로 환자로부터 호감을 사는 의사는 나쁜 의사이다. 반대로 좋은 의사란 통상적인 말투로 "어떻습니까?"하고 물으면서도 환자의 대답을 들은 체도 하지 않는 의사이다. (1922년 3월 5일)

08. 상상력에 대해

의사가 사고로 가벼운 상처가 난 환자의 얼굴을 꿰맬 때, 수술 도구들 사이에 환자의 용기를 북돋워 주는 럼주가 한 잔 놓여 있게 마련이다. 그런데 대개 이 럼주를 마시는 사람은 환자가 아니라 시중드는 사람 쪽이다. 이 사람은 수술에 대해 마음의 준비가 되어 있지 않아 수술 장면을 보면 새파랗게 질려서 정신을 잃게 된다. 이 점으로 미루어보면 도덕주의자들의 주장과는 달리 인간은 타인의 불행을 참고 견딜만한 힘이 충분하지 못하다는 것을 알게 된다.

이런 예는 잘 생각해볼 가치가 있다. 그도 그럴 것이 우리의 견해와는 전혀 상관없는 일종의 연민을 보여주기 때문이다. 피가 흐르거나 구부러진 바늘이 피부 속으로 잘 들어가지 않는 광경을 보면 금세 공포를 느끼게 된다. 마치 자신의 피를 멈추게 하고, 또 마치 자신의 피부를 긴장시키는 것처럼 상상하기 때문이다. 사고思考로는 이 상상력의 작용을 물리칠 수가 없다. 왜냐하면 이 경우 상상력에는 사고가 들어있지 않기 때문이다. 지혜를 바탕으로 한 추론은 명백하고, 따라서 쉽게 이해할 수 있다. 왜냐하면 시중드는 사람의 피부에 상처가 난 것이 아니기 때문이다. 하지만 이와 같은 추론도 목격한 일에 대해서는 아무 작용을 하지 못한다. 그보다는 오히려 럼주가 훨씬 설득력이 있다.

이로부터 나는 다음과 같은 사실을 깨닫는다. 사람들끼리는 그저 눈앞에 있다는 사실만으로도, 또 감정과 정념의 징후만으로도 서로에게 커다란 힘을 얻는다는 사실이 그것이다. 연민, 공포, 분노, 눈물 등은 내가 보고 있는 것에 대해 의식적으로 관심을 기울이기도 전에 나타난다. 끔찍한 상처를 보게 되면 보는 사람의 얼굴색이 금방 변한다. 그리고 공포에 사로잡힌 그 얼굴을 보는 옆 사람은 그 사람이 무엇을 보는지 알기도 전에 벌써 횡격막에 거북함을 느끼게 된다. 아무리 요령 있게 설명한다고 해도 이처럼 겁먹은 얼굴만큼 상대방의 감정을 움직이지는 못한다. 표정이 주는 충격은 직접적이고도 즉각적이다. 따라서 자기의 모습을 생각하거나 다른 사람의 입장에서 자기를 보면서 스스로에 대해 연민을 느낀다는 것은, 연민에 대한 대단히 서투른 설명이다. 그런 생각이 든다고 해도 그건 연민을 느끼고 난 후의 일일 따름이다. 상대방을 흉내 냄으로써 곧장 몸이 고통을 느낄 수 있는 상태로 바뀐다. 그렇게 해서 말로 표현할 수 없는 불안을 먼저 느끼게 되는 것이다. 그 다음에야 비로소 마치 병처럼 찾아온 이 마음의 동요는 무엇일까 하고 스스로에게 자문하게 된다.

현기증 역시 추론을 통해 충분히 설명될 수 있다. 누구나 깊은 수렁 앞에 서면 그곳에 빠질 수도 있다는 생각을 한다. 이와는 반대로 난간을 잡고 있으면 빠지지 않을 거로 생각한다. 그래도 발끝에서 머리끝까지 현기증이 스치는 것은 사실이다. 상상력의 첫 번째 작용은 항상 몸에 먼저 나타난다. 나는 꿈에서 사형을 당하기 직전까지 갔던 사람의 이야기를 들은 적이 있다. 그는 사형을 당하는 사람이 자기인지 남인지도 몰랐고, 심지어는 그걸 알려고 하지도 않았다는 것이다. 다만 목줄기에 아픔을 느꼈을 뿐이라고 했다. 순수한 상상이란 바로 이런 것이다. 몸에서 분리된 영혼은 관대하고 감수성이 풍부하다고 생각하기 쉬우나, 사실은 그와 반대로 항상 인색한 듯하다. 그보다는 살아 있는 몸, 생각 때문에 고통을 받고 행동으로 치유되는 몸이 훨씬 더 아름답다. 물론 혼란이 없는 건 아니다. 또한 참다운 사유는 논리의 어려움 이외에도 극복해야 할 다른 무엇이 있다. 그리고 그런 혼란의 찌꺼기로 인해 사고는 아름답게 된다. 사고의 이와 같은 영웅적인 행위 속에서 인간의 몸이 맡은 역할이 바로 은유이다. (1923년 2월 20일)

09. 정신의 병

상상想像은 중국의 사형집행인보다 더 잔인하다. 상상은 공포를 조장하고, 천천히 공포를 맛보게 한다. 실제로 참사參事가 같은 곳에서 두 번 일어나는 법은 거의 없다. 참사는 단번에 희생자를 무참히 짓눌러버린다. 희생자는 조금 전까지만 해도 이 참사에 대해 생각조차 해보지 않았다. 그런데 산책하던 사람이 자동차에 치여 20미터나 튕겨 나가 즉사한 것이다. 사고는 그것으로 끝나버린 것이다. 발생하자마자 끝나버린 것이다. 하지만 이 사고가 지속되는 건 반성을 통해서이다. 따라서 내가 이 사고를 생각할 때는 아주 잘못된 판단을 할 수밖에 없다. 언제나 당장 차에 치일 것 같으면서도 절대 그렇게 되지 않는 사람처럼 판단하는 것이다. 나는 자동차가 달려오는 것을 상상한다. 실제로 이런 일이 일어난다면 나는 달아날 것이다. 하지만 달아나지 않는다. 왜냐하면 자동차에 치인 사람의 입장에 나 자신을 놓고 있을 뿐이기 때문이다. 이렇게 해서 자동차에 치이는 내 모습을 영화의 한 장면처럼 상상하게 된다. 때로는 느리게 돌리기도 하고, 또 때로는 중단시키기도 하면서 말이다. 나는 이미 천 번이나 죽었지만 살아 있다. 파스칼은 이렇게 말했다. "건강한 사람이 병에 걸리면 좀처럼 참고 견디지 못하는데, 그건 그가 건강하기 때문이다." 오랫동안 병을 앓게 되면 나중에는 직접적인 통증 말고는 병을 의식하지 못하게 된다. 이렇듯 아무리 안 좋은 사건도 좋은 면을 가지고 있다. 이 사건은 또 다른 불행한 일이 일어날 가능성에 종지부를 찍게 된다. 그렇게 해서 그 사건은 이제 다시는 발생하지 않을 것이며, 또한 우리에게 새로운 색채를 가진 미래를 열어 주게 된다. 고통 받는 인간은 그 전날 밤만 하더라도 불행으로 여겼을 아주 하찮은 상태를 대단한 행복인 것처럼 바라게 된다. 인간은 자기가 생각하는 것보다는 더 현명한 존재이다.

불행은 사형집행인과 마찬가지로 빠르게 닥쳐온다. 사형집행인은 사형수의 머리를 자르고, 셔츠를 V자로 파헤치고, 팔을 묶고, 밖으로 떼민다. 이런 일련의 행위가 나에게 시간상으로 길게 느껴지는 것은, 내가 그것을 생각하고, 되새기고, 가위 소리를 들으려 하고, 내 팔에서 사형집행인의 손을 느끼려고 하기 때문이다. 실제로는 하나의 인상이 다른 인상을 내몬다. 그리고 사형수의 실제 생각은 분명 몸통이 잘려나간 벌레가 느끼는 전율일 것이다. 우리는 몸통이 잘려나간 벌레가 몹시 고통스러워할 것이라고 생각하기 쉽다. 그런데 벌레의 고통은 그 토막 중 어디에 있는가?

치매에 걸려 어린아이처럼 행동하는 노인이나 '폐인'이 된 알코올 중독자를 만나는 것은 괴로운 일이다. 그들이 지금의 모습으로라도 있어 주기를 바라는 동시에, 그들이 지금의 모습으로 있지 않길 바라기 때문이다. 하지만 자연은 본연의 길을 간다. 또 다행스럽게도 자연의 발걸음은 돌이킬 수 없다. 모든 새로운 상태는 다음에 올 상태를 가능한 것으로 만들어 준다. 당신이 고통을 다 긁어모아 한 곳에 둔다고 해도, 그건 시간이라는 길 위에서 흩어지게 마련이다. 다음에 이어지는 순간을 지니고 오는 것은 바로 지금 이 순간의 불행이다. 노인이란 늙어가는 것을 괴로워하는 젊은이를 지칭하는 말이 아니다. 죽어가는 사람이란 죽어가는 산 사람을 지칭하는 것이 아니다.

이런 이유로 죽임을 당하는 것은 산 사람들뿐이다. 불행의 무거운 짐을 마음으로 느끼는 것도 행복한 사람들뿐이다. 요컨대 사람은 자신의 아픔보다는 타인의 아픔에 더 민감할 수 있다. 그건 위선이 아니다. 그로부터 조심하지 않으면 삶을 해칠 수 있는 그릇된 판단이 유래한다. 그런 비극을 연출하기보다는 참된 지혜로 현실을 진지하게 생각해야만 할 것이다. (1910년 12월 12일)

10. 아르강

지극히 사소한 일로 인해 기분 좋은 하루를 망치는 경우가 있다. 가령 신발 때문에 발이 아픈 경우가 그것이다. 이때는 무엇을 해도 재미가 없으며, 멍해서 판단을 제대로 내릴 수도 없다. 하지만 치유는 간단하다. 모든 불행은 옷처럼 벗어버릴 수 있는 것이다. 우리는 이 사실을 잘 알고 있다. 이런 불행은 원인만 찾아내면 지금이라도 당장 가벼워질 수 있다. 핀에 찔려 아픈 어린아이는 마치 큰 병에 걸린 것처럼 울어댄다. 어린아이는 원인도 치유법도 모르기 때문이다. 때로는 너무 우는 바람에 몸의 상태가 나빠져 더 심하게 울기도 한다. 이것이 바로 상상의 병이라는 것이다. 실제로 이 병은 다른 병과 마찬가지로 진짜 병이다. 하지만 우리 자신 마음의 동요에서 비롯된 것임에도 외부 요인 때문에 발생했다고 여긴다는 점에서 상상의 병이다. 우는 일 때문에 자신에게 신경질을 내는 것은 비단 어린아이뿐만이 아니다.

사람들은 종종 불쾌감이 일종의 병이고 어떻게 할 수가 없다고들 한다. 이런 이유로 나는 먼저 아주 간단한 동작으로 고통이나 신경질을 제거할 수 있는 예를 앞에서 들었던 것이다. 아무리 건장한 어른이라도 종아리에 경련이 일어나면 비명을 지르게 돼 있다. 하지만 발바닥을 평평하게 펴고 바닥을 힘껏 밟으면 곧 낫는다. 벌레나 석탄가루가 눈에 들어갔을 때 눈을 비비면 두세 시간은 고생하게 된다. 하지만 두 팔을 고정하고 가만히 코끝을 바라보고 있으면 곧 눈물이 나와 낫게 된다. 이처럼 간단한 치료법을 알게 된 후 나는 스무 번 이상 시험을 해보았다. 이것은 처음부터 주위의 사물들을 탓하기보다는 우선 자신에 대해 조심하는 것이 현명하다는 것을 보여주는 단적인 증거이다. 유독 불행을 즐기는 성향이 있는 듯한 사람들이 있다. 이는 미치광이들에게 더욱 뚜렷하게 나타난다. 그로부터 신비롭고도 악마적인 어떤 감정을 능히 생각해낼 수 있다. 하지만 이것은 상상력에 속하는 일이다. 자기 자신을 괴롭히는 인간에게는 깊이가 없고 또 고통에 대한 열망도 없다. 그들에게는 오히려 원인을 알 수 없어서 생기는 동요와 신경질만이 있을 따름이다. 말에서 떨어질지도 모른다는 두려움은 떨어지지 않으려고 서투르게 버둥대기 때문에 생긴다. 더욱 나쁜 것은 이렇게 몸을 움직임으로써 말을 겁먹게 하는 것이다. 나는 이런 사실에서 스키타이인 식으로 말을 탈 줄 아는 사람은 모든 지혜, 아니 거의 모든 지혜를 가지고 있다는 결론을 내리고자 한다. 심지어 말에서 떨어지는데도 그 나름의 기술이 있다. 술에 취한 사람은 잘 넘어지려는 생각을 전혀 하지 않는다. 그런데도 그가 넘어지면서 다치지 않는 것을 보면 놀랍다. 물론 소방수는 잘 넘어진다. 겁내지 않고 넘어지는 방법을 체조에서 배웠기 때문이다.

미소는 기분을 바꾸는 데 별로 도움이 안 되는 것 같다. 그래서 우리는 미소를 지으려고 시도 하지 않는다. 하지만 예의라는 것이 종종 미소를 짓고 우아한 인사를 하게 함으로써 우리를 완전히 변화시킨다. 생리학자는 그 이유를 잘 안다. 미소는 하품과 마찬가지로 우리 몸 깊숙이 내려가 차츰차츰 목, 허파, 심장을 편안하게 해주기 때문이다. 이처럼 신속하고 신통하게 효력을 발생하는 약은 의사의 약상자 속에도 찾을 수 없을 것이다. 여기에서 상상력은 진정 작용을 통해 우리를 고통에서 구해낸다. 물론 이 진정 작용도 상상의 병과 마찬가지로 실재한다. 게다가 태평한 척하려는 사람은 어깨를 으쓱하는 법을 안다. 잘 보면 이 동작은 결국 허파에 바람을 넣어 주는 동작이고, 심장 cœur을 진정시켜 주는 동작인 것이다. 왜냐하면 이 'cœur'라는 단어에는 여러 가지 의미가 있지만, 그럼에도 심장은 하나이기 때문이다. (1923년 9월 11일)

11. 의약

학자는 말한다. "나는 많은 진리를 알고 있다. 또한 내가 모르는 진리도 충분히 짐작할 수 있다. 나는 기계가 무엇인지를 알고 있다. 약간의 관리 태만이나 순간적인 부주의로, 또 적절한 시기에 전문가에게 상의하지 않아 기계가 어떻게 망가지는 지도 알고 있다. 나사못 하나가 빠져서 기계 전체가 어떻게 망가지는 지도 알고 있다. 그래서 나는 내 몸이라 불리는 이 조립 기계를 감독하는 일에 일부 시간을 할애하고 있는 것이다. 또한 마찰이나 삐걱거리는 징후가 나타나면 즉시 전문가에게 보여 병든 부분이나 그렇다고 여겨지는 부분을 살피게 한다. 나는 데카르트의 그 유명한 가르침에 따라 이렇게 배려함으로써 조상에게 물려받은 이 기계의 수명을 가능한 한 잘 보전할 수 있다고 확신한다. 이것이 바로 나의 지혜이다."

이렇게 말했지만, 이 학자는 비참하게 살았다.

독서가는 말한다. "너무 쉽게 믿어버리는 시대에 사람들의 생활을 복잡하게 만든 그릇된 관념을 많이 알고 있다. 이런 오류에서 나는 현대 학자들이 잘 모르는 중요한 진리를 배웠다. 내가 독서한 바로는 상상력이 인간 세계의 여왕이다. 또한 위대한 데카르트는 그의 『정념론』에서 상상력의 원인을 충분히 설명하고 있다. 예컨대 불안이라는 것은 설사 내가 그것을 극복한다 하더라도 창자를 뒤틀어 놓고야 말기 때문이다. 갑작스러운 행동이 심장의 박동을 바꾸지 않을 수는 없다. 그리고 샐러드 속에 지렁이가 들어 있다는 생각만으로도 우리는 구역질을 하게 된다. 이 그릇된 생각들은, 우리가 그것을 믿지 않는다고 해도, 나 자신의 급소 깊숙한 곳까지 지배하게 되고, 혈액의 순환은 물론 기분까지도 갑작스럽게 변화시켜 버린다. 이것은 내 의지로는 어찌할 수 없는 일이다. 그런데 매번 삼키는 눈에 보이지 않는 적이 무엇이든 간에, 그것은 내 심장에 대해서도 위에 대해서도 기분전환이나 상상력의 몽상이 야기하는 변화 그 이상의 변화를 가져올 수 없다. 우리에게 가장 필요한 것은 될 수 있는 한 만족스러운 기분을 유지하는 일이다. 그다음으로는 필요한 것은 자신의 몸을 대상으로 하는 걱정, 몸의 모든 주요 기능을 교란하는 걱정을 몰아내는 일이다. 우리는 역사를 통해 자신들이 저주받았다고 생각했기 때문에 목숨을 끊은 사람들을 보아오지 않았던가? 또 저주받았다는 사실을 깨우쳐 주는 것만으로도 그 목적을 훌륭히 달성하는 것을 보아오지 않았던가? 그렇다면 가장 훌륭한 의사는 나 자신을 저주하게끔 하는 것 말고 다른 무엇을 할 수 있을까? 그의 말 한마디에 따라 내 심장의 박동이 바뀌는데, 그가 주는 약에서 어떤 효능을 기대할 수 있단 말인가? 나는 약에서 무엇을 기대해야 하는지를 잘 모른다. 하지만 그 약에서 무엇을 두려워해야 하는지는 잘 알고 있다. 따라서 내가 나라고 부르는 이 기계에서 어떤 고장을 느끼게 되더라도 다음과 같이 생각하는 것이 가장 좋은 위안이 될 것이다.

거의 모든 고장은 바로 나의 관심과 걱정이 만들어낸다는 생각이 그것이다. 따라서 가장 확실하고도 최고의 치유법은 위장병이나 신장병을 발에 생긴 티눈 이상으로 두려워하지 않는 일이다. 피부가 조금 굳기만 해도 위장병이나 신장병과 같은 정도의 고통을 줄 수 있다는 것을 아는 것은 잘 참아내기 위한 훌륭한 교훈이 아니겠는가!" (1922년 3월 23일)

12. 미소

나는 불쾌감이란 어떤 일의 결과이자 또한 원인이기도 하다고 말하고 싶다. 또한 우리의 병은 대부분 예의를 망각한 결과라고까지 생각하고 싶다. 예의를 망각한다는 것은 인체에 대한 폭력 행사를 의미한다. 직업상 동물을 관찰해 온 나의 부친은 인간과 같은 조건에 놓여 있고, 또 인간과 비슷한 강도로 몸을 혹사함에도 동물에게는 병이 훨씬 적다는 사실에 놀랐다. 그 이유는 동물에게는 기분이라는 것이 전혀 없기 때문이다. 여기에서 말하는 기분은 사고思考에 의해 생기는 짜증, 피로, 권태 등을 의미한다. 가령 자고 싶을 때 못 자면 우리의 사고는 짜증으로 변하고, 이 짜증으로 인해 오히려 잠을 잘 수 없게 된다는 사실을 우리는 잘 알고 있다. 또 다른 경우 최악의 사태를 염려하면서 불길한 공상으로 불안한 상태를 조장함으로써 점점 더 치유에서 멀어지는 상황에 빠지게 된다. 흔히 말하듯이 크게 숨을 쉬어야 할 때라도 계단만 보아도 숨을 멈추게 하는 상상력의 작용 때문에 심장이 수축한다. 그리고 분노란 기침과 마찬가지로 일종의 병이다. 기침도 짜증의 한 형태라고 할 수 있다. 기침의 원인이 몸 상태에 달려 있기 때문이다. 그런데 상상력은 기침이 나오기를 기다리기도 하고 심지어는 찾기조차 한다. 가려운 곳을 긁듯이 병에서 벗어나려는 어리석은 생각에 일부러 기침을 마구 해대는 것이다. 나는 동물들 역시 제 몸을 긁기도 하고 상처를 내기도 한다는 것을 알고 있다. 하지만 단순한 사고思考 때문에 제 몸을 긁어대고, 정념의 작용으로 심장을 직접 자극해 여기저기 피를 흐르게끔 하는 것은 인간만이 가진 위험한 특권이다.

다시 한 번 정념에 대해 생각해보자. 그것에서 벗어나고자 하는 사람은 그렇게 하지 못한다. 그렇게 하기 위해서는 명예욕에 이끌리지 않기 위해 명예를 추구하지 않는 현자처럼 이론적으로 멀리 우회해야 한다. 하지만 불쾌감은 우리를 속박하고, 우리를 질식시키고, 우리의 목을 조른다. 슬픔을 따르려는 몸 상태의 변화에 따라 우리가 그 슬픔을 간직하려는 단 하나의 이유 때문에 그렇다. 권태를 느끼는 자는 그 권태를 유지하기에 적당한 앉음새며, 서 있는 자세며, 말투를 갖게 된다. 화가 난 사람은 다른 방식으로 몸이 굳어진다. 또 실망한 사람은 근육을 되는 대로 풀어놓고 만다. 오히려 강한 마사지를 해주어야 할 필요가 있음에도 말이다.

기분에 대항하는 것은 판단력의 소관이 아니다. 여기에 판단력은 아무런 소용도 없다. 그보다는 태도를 바꾸고 적당한 운동을 할 필요가 있다. 우리 몸에서 운동을 일으키는 근육만이 우리가 제어할 수 있는 유일한 부분이기 때문이다. 미소를 짓거나 어깨를 으쓱하는 것이 걱정에 대한 대책으로 알려진 방법이다. 이처럼 아주 쉬운 동작이 곧장 내장의 혈액 순환을 변화시킨다는 사실에 주목하자. 사람은 마음대로 기지개를 켜거나 하품을 할 수 있다. 이것은 걱정이나 초조함을 떨치는 가장 좋은 체조이다. 하지만 초조한 사람은 이렇게 무관심한 동작을 흉내낼 생각을 할 수 없을 것이다. 마찬가지로 불면증으로 고생하는 사람도 잠을 자는 체해야 한다는 생각을 미처 하지 못할 것이다. 이와는 정반대로 기분은 스스로에게 그 자신을 보여 주기 때문에 계속 유지되는 것이다. 달리 지혜가 없으므로 우리는 예의를 추구하고, 미소 짓는 의무를 찾는 것이다. 무관심한 사람들과의 교제가 크게 환영받는 것은 바로 이런 이유에서이다. (1923년 4월 20일)

13. 사고

누구나 끔찍한 추락에 대해 조금은 생각해 보았을 것이다. 커다란 마차에서 바퀴 하나가 빠지면 처음에는 아주 천천히 기울어질 것이다. 하지만 한순간 심연 위에 매달리게 된 조난자들은 끔찍한 비명을 지를 것이다. 누구나 이런 장면은 쉽게 상상할 수 있다. 어떤 사람들은 꿈속에서 이와 같은 추락의 시작과 충격을 겪기도 할 것이다. 하지만 이것은 그런 생각을 할 만한 여유가 있기 때문에 가능한 것이다. 그들은 추락 사건을 흉내 낸다. 공포도 맛본다. 그들은 추락하는 일을 멈추고 그것을 생각해 보는 것이다. 어느 날 어떤 부인이 나에게 이런 말을 했다. "저는 모든 것이 다 무서워요. 그런데도 언젠가는 죽어야만 하겠지요." 다행히도 사물들이 우리를 덮칠 때는 여유를 주지 않는다. 순간과 순간을 묶고 있던 사슬이 끊기게 된다. 따라서 극도의 괴로움도 미미한 괴로움에 지나지 않는다. 거의 느끼지 못할 정도이다. 공포는 수면제와 같다. 이 클로로포름은 사고思考가 이루어지는 가장 깊은 부분밖에는 잠재우지 못하는 것 같다. 몸의 다른 기관은 제멋대로 움직이고 괴로워한다. 하지만 고통의 합산은 전혀 이루어지지 않는다. 모든 고통은 보이길 바란다. 그렇지 않으면 전혀 느껴지지 않는다. 1천 분의 1초만 느껴지고 곧 잊히는 고통이란 어떤 것일까? 고통은 치통과 마찬가지로 그것을 예상하고, 기다리며, 현재를 중심으로 잠시 지속되는 것을 전제로 한다. 현재뿐이라는 것은 없는 것과 같다. 우리는 괴로워하는 것 이상으로 두려워한다.

의식 자체에 대한 정확한 분석에 바탕을 둔 이와 같은 지적은 참된 위안이 무엇인지를 가르쳐준다. 하지만 상상력의 힘은 강하다. 상상력의 작용 때문에 공포가 생겨난다. 이를 이해하려면 약간의 경험이 필요할 것이다. 그렇다고 경험이 없는 것은 아니다. 어느 날 나는 극장에서 잠깐 겁을 먹고 의자로부터 10미터 이상 앞으로 밀려났던 적이 있다. 무언가 타는 냄새가 났을 뿐이었는데 관객들이 순간적으로 부화뇌동해 대피하려고 했던 것이다. 그런데 이렇듯 인파에 휩쓸려 어디로 향하는지, 무슨 일 때문인지도 모르는 채 떠밀려 가는 것처럼 무서운 일이 또 있겠는가? 하지만 나는 그 일에 대해 아무것도 몰랐다. 그때도 그랬고 나중에 돌이켜 생각해봐도 알 수 없었다. 그저 나는 떠밀려 갔을 뿐이다. 숙고해볼 겨를도 없었기 때문에 도무지 생각이라곤 없었다. 예측도 기억도 모두 없었다. 지각도 없었고 심지어는 감정조차 없었다. 있었던 것은 오히려 몇 초 동안의 잠이었을 뿐이다.

전쟁터로 떠나는 날 밤에 무성한 소문, 무용담, 허황한 공상 등으로 혼란스럽던 그 비참한 열차 안에서 나는 그다지 유쾌하지 않은 생각에 사로잡혀 있었다. 그곳에는 샤를루아의 패잔병도 몇 명 있었는데, 그들은 공포를 느낄만한 여유가 있었다. 더군다나 한쪽 구석에는 죽은 사람처럼 창백한 사람이 머리에 붕대를 감고 있었다. 그를 보자마자 전쟁의 무서운 장면이 현실성을 띠고 다가왔다. 어떤 사람이 말했다. "놈들이 개미떼처럼 우리를 공격해왔지. 우리들의 화력으로는 그들을 막아낼 수 없었어." 상상력이 진 것이다. 다행히도 죽은 사람 같았던 사람이 입을 열었기 때문이다. 그는 알자스 지방에서 총알이 귀 뒤에서 폭발해 죽을 뻔했던 일을 이야기해주었다. 이것은 상상의 병이 아니라 진짜 병이었다. 그가 말했다. "우리는 숲 속으로 달아났어. 나는 숲 끝까지 달려갔지. 그런데 거기서부터는 어떻게 됐는지 모르겠어. 마치 대기大氣 때문에 갑작스럽게 잠이 들어버린 것 같았어. 눈을 떠보니 병원 침대 위에 누워 있었어. 내 머리에서 엄지손가락만 한 파편을 뺐냈다는 얘길 들었어." 이렇게 해서 나는 지옥에서 탈출한 또 하나의 에르에 의해 상상의 불행에서 진짜 불행으로 옮겨 왔다. 그리고 가장 큰 불행은 잘못 생각하는 것이라는 걸 깨닫게 되었다. 그렇다고 해서 무서운 충격이나 머릿속에서 뼈가 부러지는 소리를 전혀 상상하지 않게 됐다는 건 아니다. 하지만 인간은 결코 있는 그대로의 불행을 상상하는 것이 아니라는 사실을 알게 된 것만으로도 이미 약간의 성과를 거둔 셈이다. (1923년 8월 22일)

14. 참극

심한 난파難破 끝에 살아난 사람들은 끔찍한 추억이 있다. 선창에 어리는 빙산 벽, 한순간의 주저와 희망, 잔잔한 바다에 비치는 거대한 배의 모습. 그다음에 뱃머리가 기운다. 불이 갑자기 꺼진다. 곧 이어 승객 1,800명의 비명. 배의 뒷전이 탑처럼 곤두선다. 여러 가지 기계가 뇌성벽력 같은 소리를 내며 뱃머리로 떨어진다. 마침내 이 거대한 관은 거의 소용돌이도 없이 물속으로 미끄러져 들어간다. 정적 위로는 밤이 깔린다. 그 뒤로 추위, 절망, 그리고 구조로 마지막 살아남은 자들은 잠을 못 이루는 밤이면 이 참극을 몇 번이고 떠올린다. 이제는 이미 추억이 돼 있다. 마치 잘 짜인 각본처럼 어느 부분이나 비극적인 의미를 지닌다.

『맥베스』에는 성의 문지기가 아침 햇빛과 제비를 바라보는 장면이 나온다. 참으로 신선하고 단순하고 순수한 장면이다. 하지만 우리는 이미 범죄가 저질러졌음을 알고 있다. 비극적인 공포는 여기에서 극에 달한다. 이와 마찬가지로 난파를 회상할 때도 매 순간이 그 뒤에 발생하는 일에서 조명을 받는다. 불을 환히 밝히고 바다 위에 육중하게 떠 있던 배의 모습은 그 순간에는 믿음직스러웠던 것이다. 살아남은 자들이 겪은 난파에 대한 꿈,

추억, 그리고 내가 그려보는 이미지 속에서 그 순간은 가공할만한 기다림의 순간이다. 이제 참극은 시시각각 다가오는 그 참상을 알고, 이해하고, 음미하는 관객을 위해 펼쳐지는 것이다. 하지만 실제의 행위 그 자체에는 관객이 존재하지 않는다. 반성도 없다. 인상과 광경은 동시에 변한다. 더 정확하게 말하자면 광경도 없다. 다만 전혀 기대하지 않았고, 해석도 안 되고, 잘 연결도 안 되는 지각만이 있을 뿐이다. 그리고 특히 사고思考를 가라앉히는 행위들만이 있을 뿐이다. 매 순간 사고는 난파한다. 이미지가 차례로 나타났다가 사라진다. 사건이 참극을 압도하는 것이다. 죽은 사람들은 아무것도 느끼지 못했을 것이다.

느낀다는 것은 반성하는 일이고 회상하는 일이다. 누구나 크고 작은 사고에서 같은 사실을 관찰할 수 있다. 신기한 일, 뜻밖의 일, 다급한 동작 등이 주의력을 모조리 빼앗아 가고, 따라서 아무런 감정도 일어나지 않는다. 사건 자체를 성실하게 재구성하려고 시도하는 사람은 이해도 못 하고, 예측도 못 하고, 마치 꿈속에 있는 것 같다고 말할 것이다. 하지만 그는 지금 그 참극을 회상하며 겪는 공포 때문에 비극적인 이야기를 하게 되는 것이다. 병이 들어 죽어가는 사람을 지켜보면서 느끼는 커다란 슬픔도 비슷하다. 그 경우에는 머릿속이 멍해져서 매 순간 일어나는 동작이나 지각에 완전히 골몰하게 된다. 공포나 절망의 이미

지를 타인에게 전한다 하더라도 그 순간에 고통을 느끼는 것은 아니다. 자신들의 고통을 지나치게 생각하는 사람들이 다른 사람의 눈물을 짜내기 위해 이야기를 하는 경우, 그들은 그 행위 속에서 약간의 위안을 발견한다.

특히 죽은 사람들이 무엇을 느꼈든 간에 죽음은 모든 것을 지워버린다. 우리가 신문을 펼쳐보기 전에 그들의 고통은 이미 끝나버린다. 그들은 치유된 것이다. 누구나 다 그렇게 생각할 것이다. 그렇다면 인간은 사후의 생을 실제로 믿지 않는 것이 아닐까? 하지만 죽은 자들은 살아 있는 자들의 상상력 속에서 결코 죽는 일을 그치지 않는다. (1912년 4월 24일)

15. 죽음에 대해

정치가의 죽음은 명상하기에 좋은 기회이다. 도처에서 급조된 신학자를 볼 수 있다. 누구나 자기에게로 되돌아가고, 죽음이라는 공통의 조건으로 되돌아가게 된다. 하지만 이 생각 자체에는 대상이 없다. 우리는 자신을 살아 있는 자로만 생각하기 때문이다. 그래서 초조해지는 것이다. 우리는 이 추상적이며 전혀 형태도 없는 죽음의 위협 앞에서 어찌할 바를 모른다. 데카르트는 우유부단이 최대의 악이라고 했다. 그런데 우리는 아무런 치유책도 없이 우유부단 속에 내던져져 있다. 차라리 목을 매 죽으려는 자의 형편이 더 낫다 하겠다. 그는 못과 노끈을 선택한다. 마지막 순간까지 모든 것이 그의 마음대로이다. 통풍痛風 환자가 다리를 편하게 놓으려고 노력하듯이, 사람은 아무리 나쁜 상황에 처해 있다 하더라도 어떤 현실적인 배려나 시도를 원하게 마련이다. 하지만 아주 건강하면서도 죽음을 생각하는 사람은 우스꽝스럽다. 왜냐하면 죽음의 위험이 언제 올지 정해져 있지 않기 때문이다. 규칙도 없고 또 곧 규제를 넘어서게 될 이와 같은 순간적인 마음의 동요는 적나라하게 드러난 정념인 것이다. 달리 어떻게 할 수 없으면 카드놀이라도 하는 게 좋다. 그러면 다행히도 활발하게 생각하는 사람에게는 확실히 정해진 문제점, 결단을 내려야 할 조치, 임박한 시기 등이 주어진다.

인간은 용감하다. 때와 경우에 따라 그러는 것이 아니라 근본적으로 그렇다. 행동한다는 것은 과감하게 행하는 것이다. 생각하는 것도 과감하게 행하는 것이다. 위험은 곳곳에 있다. 하지만 인간은 그것을 두려워하지 않는다. 인간은 죽음을 찾아 거기에 도전한다. 하지만 죽음을 기다릴 줄은 모른다. 바쁘지 않은 사람들도 초조함 때문에 상당히 호전적이 된다. 그것은 그들이 죽고 싶어서가 아니라 오히려 살고 싶기 때문이다. 그리고 전쟁의 진짜 원인은 분명 얼마 안 되는 사람들의 권태이다. 그들은 카드놀이에서처럼 명확하고 한정된 위험을 바란다. 손을 놀려 일하는 사람이 평화로운 것은 결코 우연이 아니다. 그도 그럴 것이 그들은 매 순간 승리를 거두고 있기 때문이다. 그들의 시간은 꽉 차있으며 긍정적이다. 그들은 계속해서 죽음을 이겨낸다. 바로 이것이 죽음에 대해 생각하는 진정한 태도이다. 병사들의 마음을 사로잡는 것은 죽음에 종속된다는 추상적인 조건이 아니라 이런저런 구체적인 위험들이다. 어쩌면 전쟁은 변증법적 신학에 대한 유일한 치료법일 수도 있다. 죽음에 대해 말하는 자들은 마지막에는 우리를 항상 전쟁으로 유도하는데 이는 이 세상에서 두려움을 치유해주는 것은 진짜 위험밖에 없기 때문이다.

사람이 진짜 병에 걸리게 되면 병에 걸린 게 아닌가 하는 두려움은 곧장 치유된다. 우리의 적은 언제나 상상이다. 왜냐하면 상상은 종잡을 수 없기 때문이다. 가정假定에 대해 무엇을 할 것인가? 어떤 사람이 파산했다고 치자. 급하게 처리해야 할 일들이 한둘이 아니다. 이렇게 해서 그는 아무렇게나 내버려 두었던 자기의 생활을 다시 발견하게 된다. 하지만 단지 혁명, 평가절하, 증권시세의 하락 등을 상상해 파산하고 비참해지는 것을 두려워하는 사람은 무엇을 할 수 있는가? 무엇을 바랄 수 있을까? 그는 어떤 생각이 떠올라도 곧장 반대되는 생각으로 이를 부정해 버린다. 왜냐하면 가능성은 끝이 없기 때문이다. 이처럼 불행은 아무런 진전도 없이 항상 다시 생겨난다. 그의 모든 행위는 서로 중단되고 얽히는 단서端緒일 뿐이다. 내 생각에 두려움 속에는 결과 없는 동요밖에 없고, 또 생각은 그 두려움을 점점 더 키우게 마련이다. 인간은 죽음을 생각하자마자 두려워하게 된다. 나 역시 그렇게 생각한다. 하지만 하는 일 없이 생각만 한다면 무엇이 두렵지 않겠는가? 생각이 단지 가능성 속에서 방황한다면 무엇이 두렵지 않겠는가? 단지 시험에 대한 생각만으로도 복통을 일으킬 수 있다. 이 창자의 움직임에 대해 그것이 칼로 위협당하기 때문에 일어나는 것으로 생각지는 않을까? 그렇지 않다. 실제 대상이 없으므로 우유부단이 뱃속에다 불을 지른 것이다. (1923년 8월 10일)

16. 태도

가장 평범한 사람이라도 자기의 불행을 모방하게 되면 위대한 예술가가 될 수 있다. 흔히 하는 말이지만, 마음을 졸이면 두 팔로 자기 가슴을 더욱 조여 모든 근육을 긴장시킨다. 적이 없는데도 이를 악물고, 가슴을 무장하고, 하늘에다 대고 주먹을 쥐어 보인다. 이와 같이 요란스러운 동작이 밖으로 드러내지 않는다 해도 움직이지 않고 있는 몸의 내부에서 이미 준비돼 있다는 사실과 그 때문에 더 강한 효과를 낳게 된다는 사실을 알아야 한다. 우리는 잠이 오지 않을 때 으레 불쾌한 생각들이 머릿속에 맴돈다는 사실에 종종 놀란다. 그런데 이 불쾌한 생각들을 불러일으키는 것은 바로 이미 준비됐던 그 모방이라고 단언해도 좋을 듯하다. 모든 정신적인 병과 기타 병도 초기에 치료하기 위해서는 긴장을 풀고 체조를 할 필요가 있다. 그리고 내생각으로는 대개 이 방법만으로도 충분하다. 하지만 사람들은 이 방법에 대해 전혀 생각하지 않는다.

예의를 지키는 관습은 사람의 사고思考에 커다란 영향을 미친다. 부드러움, 친절, 기쁨 등을 모방하는 것은 불쾌감은 물론심지어는 위장병에도 적지 않은 도움이 된다. 고개를 숙여 인사를 한다든지 미소를 짓는 운동에는 그와 반대되는 노여움, 불신, 슬픔 등과 같은 운동을 불가능하게 하는 장점이 있다. 이런이유로 사람들은 사교생활, 방문, 의식, 축제 등을 항상 좋아하는 것이다. 그것은 행복을 모방하는 기회이다. 그리고 이런 종류의 희극은 분명 우리를 비극으로부터 해방해준다. 이것은 대단한 일이다.

의사에게 있어서 종교적인 태도는 한 번쯤 고려해볼 만한 가치가 있다. 무릎을 꿇고, 몸을 구부리고, 몸의 긴장을 풀어주는 종교적인 동작들이 몸의 여러 기관이 편안해지고 생명의 기능을 더욱 원활하게 한다. "고개를 숙여라, 교만한 시캄브르인이여." 이 말은 결코 그에게 분노나 교만을 버리라고 요구한 것이 아니다. 그보다는 먼저 침묵하고, 눈을 쉬게 하고, 부드럽게 행동하라고 요구하는 것이다. 이렇게 하면 모든 거친 성격이 사라지게 된다. 물론 오랫동안, 그리고 영원히 사라지는 것은 아니다. 왜냐하면 그건 우리 인간의 힘을 넘어서기 때문이다. 그런 것이 아니라 당장에, 그리고 잠시 사라지는 것이다. 종교상의 여러 기적은 결코 기적이 아니다.

사람이 귀찮은 생각을 어떻게 몰아내는가를 보면 도움이 된다. 그는 마치 근육을 푸는 것처럼 어깨를 으쓱하고 가슴을 움직인다. 그리고 다른 것을 지각하거나 공상하려는 태도로 머리를 돌리기도 한다. 자유로운 동작으로 걱정거리를 멀리 내던지고, 손가락의 관절을 꺾기도 한다. 이것이 바로 춤의 시작이다. 이때 다윗의 하프가 그의 마음을 사로잡고, 그 소리에 맞춰 몸을 부드럽게 하고 다스리게 되면 분노나 초조를 몰아내어 울화병 환자는 치유될 것이다.

나는 사람들이 난처했을 때 취하는 동작을 좋아한다. 그때 그들은 귀 뒤쪽의 머리를 긁적거린다. 그런데 이 동작은 교묘하게 돌이나 창을 집어 던지는 것과 같은 험악한 동작을 우회시키고 무마시키는 효과를 낸다. 여기에서 인간을 자유롭게 하는 시늉과 사람을 끌어들이는 동작은 아주 유사하다. 묵주는 그것을 세는 행위에 생각과 손가락을 동시에 집중시키는 아주 훌륭한 발명품이다. 의지는 정념을 지배할 수 없지만, 운동에 대해서는 직접적인 힘을 발휘한다는 현자의 비밀은 더 훌륭하다. 사람들이 흔히 말하는 것처럼, 바이올린을 켜는 방법을 궁리하기보다는 직접 켜보는 것이 훨씬 더 낫다. (1922년 2월 16일)

17. 체조

무대에 오르면서 두려움으로 걱정을 하던 피아니스트가 일단 연주를 시작하고 나서부터는 괜찮아진다는 사실을 어떻게 설명해야 할까? 연주를 시작했을 때 더 이상 두렵다는 생각을 하지 않게 됐다고 할 수도 있을 것이다. 옳은 말이다. 하지만 나는 공포심 그 자체를 좀 더 자세히 고찰함으로써 예술가가 손가락의 유연한 동작으로 공포심을 몰아내는 것이라고 이해하고 싶다. 왜냐하면 몸이라는 이 기계에는 모든 것이 다 긴밀하게 연결돼 있어서 마음이 편하지 않으면 손가락도 편할 수 없기 때문이다. 경직과 마찬가지로 부드러움도 몸의 모든 부위를 침범한다. 이렇게 해서 잘 통제된 몸에 공포심이 더는 자리를 잡을 수 없게 된다. 이와 마찬가지로 노래다운 노래나 웅변다운 웅변이 사람의 마음을 안정시켜 주는 것은 모든 근육이 자극을 받아 잘 움직이기 때문이다. 우리를 정념에서 해방하는 것은 사고思考가 아니라 행동이라는 점은 주목할 만한 것인데도 종종 간과된다. 사람은 자기가 바라는 대로 생각하지 않는다. 오히려 행동이 아주 익숙할 때, 체조를 통해 근육이 훈련되고 부드러워졌을 때, 사람은 오히려 자기가 원하는 대로 행동하게 된다. 걱정거리가 있을 때에 추론하려고 애쓰지 말라. 그런 추론은 당신 자신에게 창끝을 겨누게 될 것이다. 그보다는 요즘 모든 학교에서 가르치고 있는 팔굽혀펴기를 해보라. 당신은 그 결과에 깜짝 놀랄 것이다. 그래서 철학 선생이 당신을 체조 선생에게 보내는 것이다.

한 비행사가 풀밭에 누워 날씨가 좋아지기를 기다리면서, 그 자신도 아무것도 할 수 없는 위험에 대해 생각하는 두 시간 동안 얼마나 무서웠던가를 나에게 말해준 적이 있다. 그런데 오히려 공중에서 비행기를 조종했더니 금세 두려움에서 벗어났다는 것이다. 이 이야기가 떠오른 것은 내가 그 유명한 퐁크의 모험담을 읽었을 때다. 어느 날 그가 전투기를 타고 지상 4천 미터 높이에 올랐을 때, 조종간이 말을 듣지 않으면서 전투기가 추락하고 있다는 사실을 알게 되었다. 그는 고장의 원인을 찾다가 마침내 탄약상자에서 굴러떨어진 탄환 한 개를 발견했다. 그 때문에 인해 전투기 전체가 움직이지 않았던 것이다. 전투기가 계속 추락하는 동안 그는 그 탄환을 제자리에 놓음으로써 아무 피해 없이 기수를 바로 잡을 수 있었다. 이 몇 분간의 경험은 지금도 추억이나 꿈속에서 그를 여전히 공포에 떨게 할 수 있다. 하지만 지금 그것을 생각하면서 공포를 느끼는 것과 같이 그 당시에도 공포를 느꼈으리라 생각한다면, 그건 잘못이라고 생각한다. 우리의 몸은 명령을 받지 않으면 즉각 지휘하려고 한다는 의미에서 아주 다루기 어려운 것이다. 하지만 몸은 한꺼번에 두 가지 방식으로 움직일 수 없게 돼 있다. 가령 손은 펴져 있든가 쥐어져 있든가 해야 한다. 손을 펴는 것은 당신이 움켜쥔 손안에 쥐고 있던 모든 짜증나는 생각들이 달아나게 놓아두는 것이다. 그리고 그저 어깨를 으쓱하기만 해도 가슴속이라는 새장 속에 가두어 두었던 근심이 날아가게 된다. 이와 마찬가지로 당신은 무언가를 삼키는 동시에 기침을 할 수 없다. 나는 기침을 멎게 하는 빨아먹는 알약의 효과를 이런 식으로 설명한다. 이와 마찬가지로 하품을 하면 딸꾹질이 멎는다. 그런데 어떻게 하품을 할 수 있는가? 기지개를 켜면서 하품을 하는 흉내를 내다보면 진짜 하품을 하게 된다. 당신에게 허락도 없이 딸꾹질을 하게 하는 당신 속에 숨어 있는 이 딸꾹질 벌레는 이렇게 해서 하품을 하는 자세를 취하고, 하품을 하게 되는 것이다. 이것은 딸꾹질이나 기침이나 근심에 대한 효과적인 치유법이다. 하지만 15분마다 하품을 하라고 명령하는 의사는 어디에 있는가?

(1922년 3월 16일)

18. 기도

입을 벌린 채 '이i'라는 음을 생각한다는 건 결단코 불가능하다. 한 번 해보라. 가만히 상상 속에서는 가능할 것 같았던 '이i'가 '아a'에 가까운 음이 되는 것을 확인하게 될 것이다. 이 실례를 통해 신체의 주요 기관이 상상력에 반대되는 운동을 할 때는 상상력도 큰 힘을 발휘하지 못한다는 사실을 알 수 있다. 몸동작은 이런 관계를 직접 보여준다. 왜냐하면 몸동작은 우리가 상상하는 모든 운동을 실제로 그려내기 때문이다. 만일 내가 화가 났다면 주먹을 불끈 쥘 것이다. 누구나 이 사실을 잘 알고 있다. 그런데도 대부분의 사람은 이 사실에서 정념을 지배하는 방법을 끌어내려고 하지 않는다.

모든 종교에는 놀랄만한 지혜가 내포되어 있다. 예컨대 쓸데없는 일로 자기의 불행을 배가시키는 불행한 자가 저항하는 움직임을 보일 때, 그자를 무릎 꿇게 하고 두 손으로 머리를 움켜쥐게 하라. 이런저런 말을 하는 것보다 그렇게 하는 것이 훨씬 나은 방법이다. 왜냐하면 이런 동작이야말로 비결이기 때문이다. 이런 동작을 통해 과격한 상상력을 억제하고 절망이나 분노를 일시적으로 중단시킬 수 있다.

하지만 일단 정념에 사로잡히면 사람들은 놀라울 정도로 순진해지는 법이다. 그런데 그들은 아주 간단한 요법을 좀처럼 믿지 않으려 든다. 남한테 무시당한 사람은 우선 그것이 모욕이라는 걸 확인하기 위해 수많은 추리를 하게 된다. 그는 사태를 점점 악화시키는 상황을 찾으려 할 것이고 또 찾게 될 것이다. 그는 이렇게 말할 것이다. "이것이 내가 진짜 화를 내는 이유이다. 나는 결코 화를 가라앉히고 편해지려고 하지 않을 것이다." 이것이 초기 단계이다. 그다음에 이성이 따른다. 왜냐하면 모든 인간은 뛰어난 철학자이기 때문이다. 그리고 인간을 더욱 놀라게 하는 것은 바로 이성이 정념에 대해 아무것도 할 수 없다는 점이다. "이치로 보아서는 항상 그렇지만……" 누구나 이런 말을 한다. 그리고 독백을 하는 주인공이 변명을 모조리 털어놓지 않는다면 그의 비극에는 뭔가가 부족할 것이다. 또한. 이런 상황을 회의론자들이 낱낱이 묘사한다면 세상에는 피할 수 없는 숙명이라는 것이 있구나 하는 생각이 더 힘을 받게 될 것이다. 그렇다고 이 회의론자들이 뭔가를 발명해낸 적은 없다. 가장 오래된 신의 관념은 가장 세련된 관념과 마찬가지로 사람들이 언제나 자기들은 심판을 받아 유죄 선고를 받았다고 느끼는 데서 유래한 것이다. 인간은 꿈과 마찬가지로 정념도 인류의 긴 유년시절에 신들이 준 것이라고 믿어 왔다. 그래서 고통이 덜어지고 구원을 받았다는 생각이 들 때마다 그들은 거기에서 은총의 기적을 보았던 것이다. 화가 단단히 난 사람은 마음의 평안을 얻기 위해 무릎을 꿇는다. 바르게 무릎을 꿇는다면, 즉 화를 제거하기 위해 바른 자세를 취한다면 당연히 평안을 얻는다. 그때 그는 자신을 악에서 구원해준 자비로운 힘을 느낀다고 말한다. 여기에서 신학이 얼마나 자연스럽게 전개되는지를 보라! 만일 그가 아무것도 얻지 못했다면 어떤 조언자는 이렇게 쉽게 말해줄 것이다. 그것은 그가 바르게 요구하지 않았기 때문이고, 그가 무릎을 꿇을 줄 몰랐기 때문이고, 그가 자기의 분노를 너무 애지중지했기 때문이라고 말이다. 또한 신학자는 이렇게 말할 것이다. 이런 사실들은 신들이 옳다는 것, 신들이 인간들의 마음을 속속들이 알고 있음을 보여주는 증거라고 말이다. 이걸 보면 사제도 신자 못지않게 순진하다. 인간들은 몸의 움직임이 정념의 원인이고, 적당한 운동이 그 치료법임을 알게 되기까지 오랫동안 정념의 횡포를 참고 견뎌왔다. 그리고 그들은 태도와 의식儀式 —아니 예의라고 하자— 등의 놀라운 효과에 주목했기 때문에, 개종이라 불리는 저 갑작스러운 기분의 변화가 오랫동안 기적으로 여겨져 왔다. 분명 미신이란 당연한 결과를 항상 초자연적 원인으로 설명하는 것이다. 오늘날에도 여전히 가장 지적인 사람들조차 정념의 불길에 휩싸이게 되면 자신들이 가장 잘 알고 있는 것도 쉽게 믿으려 들지 않는다. (1913년 12월 24일)

19. 하품하는 법

난로 옆에서 개가 하품을 하는 것은 사냥꾼들에게 걱정거리를 내일로 미루라는 신호이다. 이처럼 아무 거리낌 없이 기지개를 켜는 이 생명체의 힘은 보기에도 아름다워 모방하지 않을 수 없다. 그 자리에 있던 자들은 누구나 기지개를 켜고 하품을 하게 된다. 이것은 잠을 자러 가기 위한 서곡에 해당한다. 하품은 피로의 표시가 아니다. 그것은 오히려 내장 깊숙이 공기를 보냄으로써 집중이나 논쟁에 익숙한 정신에 주어지는 휴가이다. 자연은 하품이라는 힘찬 변화를 통해 인간의 생명력이 살아가는 것으로 만족할 뿐 생각하는 것에는 싫증이 나 있다는 것을 알려주는 것이다.

집중하거나 놀라면 누구나 순간적으로 숨이 멎는다는 것을 알 수 있다. 이 점과 관련해 생리학은 가슴 부위에 얼마만큼 강한 방어의 근육이 붙어 있으며, 이 근육이 움직이면 가슴을 압박하고 마비시킬 수 있다는 것을 보여줌으로써 모든 종류의 의혹을 일소한다. 또 항복의 표시로 두 팔을 공중으로 들어 올리는 동작이 가슴 부위를 편안하게 하는데 아주 효과적이라는 사실은 주목할 만하다. 하지만 이와 동시에 이 동작은 하품하기 위한 좋은 자세이기도 하다. 이런 사실로 미루어보면 사소한 걱정거리가 어떻게 해서 심장을 압박하는지, 또한 어떤 행동을 하려 하면 곧 가슴이 눌리고, 또 기대와 아주 가까운 불안한 상태를 만드는지를 알고 있다. 왜냐하면 우리는 기대하는 것만으로도 불안하기 때문이다. 이것은 사소한 일에서도 마찬가지이다. 이와 같은 괴로운 상태에 이르면 곧장 그 어떤 것도 편안하게 해주지 못하는 자기 자신에 대한 노여움인 초조감이 생기게 된다. 의식儀式이라는 것은 이와 같은 모든 구속으로 이루어져 있다. 옷이 이런 구속을 더욱 답답하게 한다. 또한 전염이라는 것이 생긴다. 왜냐하면 권태는 전염되기 때문이다. 그런데 하품 역시 전염성이 있는 의식儀式에 대한 전염성 있는 요법이다. 사람들은 어떻게 해서 하품이 병처럼 전염되는지 자문한다. 하지만 나는 병처럼 전염되는 것은 오히려 중압감, 긴장, 걱정스러운 태도라고 생각한다. 이와는 반대로 생명의 복수임과 동시에 건강의 회복으로서의 하품은 엄숙한 태도를 버리거나 매사에 무관심을 강조함으로써 전염되는 것이다. 그것은 누구나 해산解散의 신호처럼 고대하는 신호이다. 이와 같은 안락함을 거절할 수는 없다. 이렇게 해서 그 어떤 엄숙함도 그곳으로 쏠리게 되는 것이다.

웃음과 흐느낌은 하품과 같은 종류이긴 하지만 더 조심스럽고 더 억눌린 해결책이다. 우리는 거기에서 하나는 붙잡아두고자 하고, 다른 하나는 풀어놓으려는 두 가지 생각 사이의 투쟁을 볼 수 있다. 이와는 달리 하품은 붙잡아두려는 생각과 풀어놓으려는 생각 모두를 달아나게 한다. 그러니까 산다는 즐거움이 그런 생각을 한꺼번에 일소해 버리는 것이다. 개는 항상 이런 이유로 하품한다. 누구나 신경성이 병에서는 생각이 병을 만든다이라 불리는 여러 종류의 병에 대해 하품이 좋은 징후라는 사실을 관찰할 수 있다. 하품은 그것이 예고하는 수면과 마찬가지로 모든 병에 효과가 있다는 것이 내 생각이다. 또한 이것은 우리의 생각이 여러 병에 커다란 영향을 미친다는 표시이기도 하다. 자기 혀를 깨물었을 때의 아픔을 생각해보면 이것은 결코 놀랄 일이 아니다. 혀를 깨문다는 이 표현의 비유적 의미는 이른바 회한이라 불리는 후회가 어떻게 해서 상해를 입히는 데까지 나아갈 수 있는가를 잘 보여준다. 이와 반대로 하품에는 아무런 위험도 없다. (1923년 4월 24일)

20. 기분

자기 자신을 쥐어뜯는 것보다 더한 격분은 없다. 이것은 스스로 불행을 선택하는 것이고, 자기가 자기 자신에게 복수하는 것이다. 어린아이는 우선 이 방법을 써본다. 자기가 우는 것에 화가 나서 더 울어 댄다. 화가 나 있다는 것 때문에 짜증을 내고, 어른이 달래더라도 듣지 않겠다고 맹세함으로써 스스로를 위로한다. 이것이 바로 토라짐이다. 자기가 좋아하는 사람을 괴롭히고, 그렇게 함으로써 자신에게 이중으로 벌을 가하는 것이다. 자신을 벌하기 위해 남을 벌한다. 모르는 것을 부끄럽게 여기면서 다시는 아무것도 읽지 않겠다고 맹세한다. 고집부리는 일에 고집을 부린다. 분개하면서 기침을 해댄다. 기억 속에서 모욕을 찾아낸다. 스스로 감정을 날카롭게 만든다. 비극 배우의 연기술로 마음을 상하게 하고 모욕을 주는 행동을 자기 자신에게 계속해서 반복한다. 최악의 것이 진실이라는 원칙에 따라 모든 일을 해석한다. 자기가 심술궂다는 선고를 내리기 위해 심술궂은 사람들만을 생각한다. 신념도 없이 시도했다가 실패 후에 이렇게 말한다. "내기를 걸면 좋았을걸. 좋은 기회였는데." 어디에서나 짜증난 얼굴을 하고 다른 사람들을 짜증나게 한다. 사람을 한껏 불쾌하게 만들어 놓고 남의 마음에 들지 못하는 것에 놀란다. 억지로 잠을 자려 한다. 모든 기쁨을 의심한다. 매사에 슬픈 표정을 지으며 매사에 반대한다. 불쾌감으로 불쾌감을 만들어낸다. 이런 상태에서 자기 자신을 판단한다. "나는 소심하다. 서툴다. 기억력도 감퇴하고 늙었다." 흉한 얼굴을 하며 거울을 들여다본다. 이 모든 것이 바로 기분의 함정이다.

이런 이유에서 나는 "대단히 춥군. 하지만 건강을 위해서는 이보다 더 좋은 게 없지."라고 말하는 사람들을 경멸하지 않는다. 그들이 이보다 더 나은 무엇을 할 수 있겠는가? 북동풍이 강하게 불 때 손을 비비는 것은 이중의 효과가 있다. 여기에서 본능은 지혜와 맞먹고, 몸의 반응은 우리에게 기쁨을 알려준다. 추위에 대항하는 방법은 딱 한 가지밖에 없다. 그것은 그 상태에 만족하는 것이다. 그리고 기쁨의 달인인 스피노자식으로 이렇게 말할 것이다. "내가 만족하는 것은 몸이 따뜻해져서가 아니다. 만족을 느끼기 때문에 몸이 따뜻해지는 것이다." 따라서 이와 유사하게 우리는 늘 이렇게 생각해야 한다. "나는 성공했기 때문에 만족을 느끼는 것이 아니라 만족을 느끼기 때문에 성공한 것이다." 그리고 기쁨을 구하려면 우선 기쁨을 축적해 두어라. 축복을 받기 전에 감사부터 하라. 왜냐하면 희망은 희망하는 이유를 만들어주고, 좋은 징조는 정말로 좋은 일이 일어나게끔 해주기 때문이다. 따라서 모든 것이 좋은 징조, 유리한 징조여야 한다. 에픽테토스는 이렇게 말한 바 있다. "까마귀의 울음소리도 너의 마음에 따라 좋은 징조가 될 수 있다." 그가 말하고자 한 것은 단지 만사를 기쁨으로 만들어야 한다는 것이 아니라, 오히려 특히 유쾌한 희망은 사건을 변화시키기 때문에 만사를 진짜 기쁨으로 만들어야 한다는 것이다. 싫어하는 기피의 인물을 만나게 되면 먼저 웃어라. 그리고 잠을 자고 싶으면 잘 수 있다고 믿어라. 요컨대 누구나 이 세상에서 만나는 가장 무서운 적은 바로 자기 자신이다. 지금까지 나는 일종의 미치광이의 존재를 설명한 셈이다. 하지만 미치광이란 우리의 오류가 확대된 것에 불과하다. 불쾌감을 나타내는 아주 사소한 동작에도 자기를 책망하는 아집이 압축되어 나타나 있다. 나는 이런 피해망상증이 우리의 반응을 지배하는 신경기관의 미미한 상해에 기인한다는 실을 절대 부정하지 않는다. 모든 조바심은 결국 길을 내고야 만다. 다만 나는 미치광이들에게서 교훈이 될 만한 것을 생각해볼 뿐이다. 그중 하나는 바로 확대경으로 볼 때처럼 그들이 우리에게 크게 보여주는 그 무서운 오해이다. 이 가엾은 인간들은 자문자답한다. 그들은 혼자서 드라마 전체를 연출한다. 이것은 항상 효과가 따라는 마법의 주문이다. 하지만 그것이 무엇 때문인지 그 이유를 이해해야 한다. (1921년 12월 21일)

21. 성격

누구든 바람이나 몸의 상태에 따라서 불쾌함을 느낄 수 있다. 그럴 때 어떤 사람은 발로 문을 걷어차고, 또 어떤 사람은 마구 의미 없는 소리를 내뱉으며 소리를 지르기도 한다. 하지만 위대한 영혼은 이런 일을 망각 속에 내버린다. 남이 했든 자기가 했든 간에 그런 일을 모두 용서한다. 그런 일에 전혀 신경을 쓰지 않기 때문이다. 그런데 사람들은 보통 불쾌감을 시인하고 또 그것의 정당성을 주장하기도 한다. 이런 식으로 각자의 성격이 형성되는 것이다. 그리고 어느 날 누군가에 대해 불쾌함을 느꼈다는 이유로 그 사람을 덜 좋아하게 된다. 이런 의미에서 불쾌함을 느낀 자신을 용서해야하지만, 거의 실행에 옮기지 못한다. 남을 용서하려면 자신을 용서하는 것이 그 첫 번째 조건이다. 이와 반대로 끝없는 후회는 종종 남의 실수를 침소봉대한다. 이렇게 해서 각자 "나는 이런 사람이야."라고 말하면서 자기가 생각해낸 불쾌감을 이리저리 되새기는 것이다. 이 경우에 사람들은 자기가 아는 것 이상으로 지껄이게 된다.

향수香水를 견딜 수 없을 때가 있다. 꽃다발이나 화장수에 대한 불쾌감은 그리 오래가지 않는다. 그런데도 으레 향수 냄새만 맡고도 머리가 아플 것이라 말한다. 이것은 흔히 있는 일이다.

연기 때문에 기침을 하는 것처럼 사소한 일에도 잔소리를 해댄다. 누구나 가정에서 활개치는 이런 부류의 폭군을 알고 있다. 불면증에 시달리는 사람은 좀처럼 잠을 잘 수 없다고 말한다. 아주 작은 소리에도 깨어나 성화를 부리는 것은, 사실 어떤 소리든 나기만을 기다렸다가 온 식구를 책망하려고 하기 때문이다. 나중에는 잠깐 잠이 든 것까지도 화를 낸다. 마치 잠을 잘 수 없는 성격에 대해 감시를 소홀히 해서 잠이 든 것처럼 말이다. 사람은 모든 일에 열중하게 마련이다. 심지어 카드놀이에서 지는 일에까지 열중하는 사람을 나는 본 적이 있다.

기억력이 떨어졌거나 실어증에 걸렸다고 생각하기 시작하는 사람들이 있다. 이 경우 그 증거는 찾지 않아도 곧 발견된다. 그리고 악의 없는 이 희극이 때로는 비극이 되기도 한다. 진짜 병이나 나이로 인한 결과를 부정할 수는 없는 노릇이다. 하지만 의사들은 오래전부터 환자들이 그 증세를 찾아내고자 한다면 너무 쉽게 찾아내는 무서운 집념이 있다는 점을 알고 있었다. 정념의 대부분, 그리고 많은 병, 특히 대부분 정신질환은 이런 집념이 확대됐기 때문에 생긴 것이다. 이런 이유로 샤르코는 여자 환자들이 자신들에 대해 하는 말을 전혀 믿지 않았다. 어떤 종류의 병은 의사가 믿지 않았기 때문에 소멸하였거나 또는 거의 소멸하였다고 말할 수 있다.

한때 유명했던 프로이트의 뛰어난 이론이 벌써 신뢰를 잃은 것은 다음과 같은 이유에서이다. 불안해하는 사람, 스탕달식으로 말해서 자기의 상상력을 적으로 여기는 사람에게는 어떤 일이든 쉽게 믿도록 할 수 있다는 것이 그것이다. 이 이론의 토대가 되는 성적性的인 문제는 사람이 그것을 중요시하기 때문에, 또 누구나 알고 있는 야성적인 시詩를 그것에서 찾으려 하기 때문에 제기된 문제라는 점에 대해서는 여기에서 언급하지 않겠다. 그리고 의사의 생각을 안다는 것은 환자에게 결코 바람직하지 않다. 누구나 다 이 사실을 알고 있다. 그에 비해 덜 알려진 점은, 환자가 의사의 생각을 재빨리 눈치 채고 그것을 자기 것으로 만들어, 결국 의사들이 세운 가장 훌륭한 가설이 옳다는 것을 즉각 증명해 보인다는 사실이다. 이렇게 해서 어떤 종류의 기억을 완전히 상실하는 놀랄만한 기억상실증이 설명된다. 고집도 역시 하나의 병이라는 사실을 잊었던 것이다. (1923년 12월 4일)

22. 숙명

우리는 그 어떤 일도 시작할 줄 모른다. 심지어 팔을 뻗는 일조차도 시작할 줄 모른다. 누구도 신경이나 근육에 명령을 내려 시작하지 않는다. 이와는 달리 운동은 저절로 시작되는 것이다. 우리의 소임은 단지 이 운동을 따라 그것을 더 잘 끝내는 것이다. 이처럼 우리는 결정을 내리지 못한 채 언제나 방향만을 잡을 뿐이다. 이는 사납게 날뛰는 말의 방향을 보는 마부와 같은 모습이다. 마부는 사납게 날뛰는 말에게 방향을 줄 뿐이다. 이것이 바로 출발이라는 것이다. 이렇게 일단 출발하게 되면 말은 활기를 되찾고 달리기 시작한다. 마부는 이런 돌진에 단순히 방향만 잡아 준다. 이와 마찬가지로 배도 추진력이 없으면 키의 방향을 잡을 수 없다. 요컨대 어떤 식으로든 일단 출발해야 한다. 그다음에 어디로 갈 것인가를 생각하면 된다.

누가 선택했는가? 나는 이렇게 묻는다. 아무도 선택하지 않았다. 왜냐하면 우리는 모두 처음에 어린아이였기 때문이다. 아무도 선택하지 않았다. 하지만 모두 먼저 행동을 한 것이다. 이처럼 천성은 자연과 환경에서 기인한다. 그렇기 때문에 심사숙고하는 자는 결코 결정을 내리지 못한다. 학교에서 하는 분석만큼 우스꽝스러운 것은 없다. 그런 분석을 통해 그저 동기나 원인을 이리저리 재볼 뿐이다. 이처럼 문법학자 냄새가 나는 추상적인 내용을 담은 전설은 미덕과 악덕 사이에서 선택을 주저하는 헤라클레스를 연상시킨다. 누구도 선택하지 못한다. 모두다 행진하는 중이며, 모든 길이 다 옳다. 내가 보기엔 처세술이란 자기가 결정한 일이나 하고 있는 일에 대해 절대로 자기 자신과 싸우지 않는 것이다. 싸움하는 대신 자신의 결심이나 일을 잘 실행해야 한다. 우리는 하지 않았지만 이미 이루어져 있는 이런 선택 속에서 숙명을 찾고자 한다. 하지만 이 선택은 우리를 전혀 구속하지 않는다. 왜냐하면 운이 나쁘다는 것은 절대 있을 수 없기 때문이다. 어떤 운이라도 좋은 운으로 만들려고 하면 좋은 운이 되는 것이다. 자기의 본성에 대해 따지는 것보다 더한 약점의 표시는 없다. 누구도 본성을 선택하지 못한다. 하지만 본성은 아무리 큰 야심을 가진 사람도 충분히 만족시킬 수 있을 만큼 풍부하다. 필연을 미덕으로 삼는 것이야말로 위대하고 멋진 일이다.

"슬프다. 왜 공부를 안 했던가!" 이것은 게으른 자의 변명이다. 그렇다면 공부를 하라. 내 생각으로는 이제 공부를 하지 않는다면 과거에 공부했다는 것은 대수로운 일이 못 된다. 과거에 기대를 거는 것은 과거를 한탄하는 것과 마찬가지로 어리석은 짓이다. 이미 이루어진 일이라면 거기에 안주하는 것만큼 훌륭한 것이 없고, 그 결함을 보강하지 않는 것만큼 보기 흉한 것은 없다. 나는 불운을 쫓기보다 행운을 쫓기가 더 어렵다고 생각하는 편이다. 만일 당신의 유년기가 천사들로 장식돼 있다면 조심하길 바란다. 미켈란젤로가 훌륭하다고 생각하는 이유는, 자연이 준

재능을 손에 쥐고 안이한 생활을 어려운 생활로 바꾸려는 그 강한 의욕 때문이다. 이 무뚝뚝한 남자가 뭔가를 배워보려고 학교에 갔을 때는 이미 백발이었다고 한다. 이것은 분발하는 데는 나이가 문제 되지 않는다는 점을 잘 보여 준다. 만일 당신이 선원에게 키를 어떻게 잡느냐에 따라 항해가 좌우된다고 말한다면, 그 선원은 당신을 조롱하지 않겠는가? 하지만 사람들은 어린아이들에게 그렇게 믿게 하고자 한다. 하지만 다행히도 어린아이들은 그 말을 잘 듣지 않는다. 그래도 어린아이들이 사변적인 생각을 품고 평생 헛된 유희나 일삼게 된다면 정말 큰일이다. 어린 시절에는 이와 같은 해로운 생각으로 크게 변하지 않지만, 나중에는 큰 해를 입게 되는데, 이는 약자를 만드는 약자의 구실이기 때문이다. 숙명이란 메두사의 머리이다. (1922년 12월 12일)

23. 예언적인 영혼

별로 알려지지 않은 한 철학자가 우리의 생각이 포플러 나뭇잎처럼 세상의 모든 힘에 몸을 내맡긴 상태, 그러니까 수동적인 자세로 가만히 주의를 기울이는 상태를 '예언적인 영혼'이라 부르고자 했다. 이것은 귀를 기울이는 영혼이다. 말하자면 적의 공격에 몸을 내던지고 있는 영혼이다. 당황한 상태이다. 나는 무녀, 그녀가 사용하는 삼각대, 그녀의 경련을 모두 이해한다. 그것은 모든 것에 대한 주의, 즉 모든 것에 대한 두려움이다. 나는 이 대우주의 소리와 움직임에 대해 무관심한 사람들을 가엾게 생각한다.

예술가는 때때로 모든 것, 모든 색채, 모든 소리, 모든 더위와 모든 추위를 직접 접하는 상태에 몰입하고자 하는 때가 있다. 그때 그는 자연의 사물들 속에 너무 깊이 파묻혀 있고 또 그것들에 지나치게 의존하는 농부나 뱃사공들이 사물이 갖는 모든 뉘앙스를 예사롭게 여긴다는 사실에 놀란다. 이런 것들을 떨쳐 버리기 위해서는 한 번 멋지게 어깨를 으쓱거리면 된다. 그것은 제왕의 몸짓이다. 성 크리스토포스는 물결을 무시하고 물을 건넜다. 그는 이렇게 말했다. "정신이 그처럼 충만할 때 인간은 잠을 자지 않는다." 하지만 그때 인간은 행동도 하지 않을 것이다.

필요한 것은 간추리고, 단순화하고, 제거하는 일이다. 내가 보기에 인간의 고유한 속성은 모든 종류의 반수면 상태를 잠속으로 던져버리는 것이다. 건강의 징표는 몽상 상태에 빠지지 않고 곧장 잠드는 것이다. 그리고 잠에서 깬다는 것은 잠을 던져버리는 것이다. 이와는 반대로 예언적인 영혼은 잠에서 반쯤 깨어서 꿈을 되풀이한다. 사람은 이런 식으로 살 수 있다. 그걸 방해하는 것은 아무것도 없다. 우리는 놀라울 정도의 예감 능력을 가지고 있다. 살아 있는 육체라는 이 작품을 고려해보면, 가장 작은 징후까지도 우리 내부로 들어와서 각인을 남긴다는 것을 알 수 있다. 약간의 바람 소리도 먼 곳의 폭풍을 알려준다. 어떤 징후에 주의를 기울인다는 것은 분명 좋은 일이다. 하지만 그렇다고 해서 아주 사소한 변화에 놀라서는 안 된다. 언젠가 커다란 기압계를 본 적이 있는데, 그것은 지나치게 민감해 가까운 곳에서 차가 지나가거나 사람의 발소리만 나도 금세 바늘이 튀어 올랐다. 만일 우리도 그냥 내버려둔다면 이 기압계처럼 될 것이다. 태양이 회전함에 따라 우리의 기분도 바뀔 것이다. 하지만 지구의 왕인 인간은 이런 사태에는 전혀 관심을 기울이지 않는 존재이다.

사회에서 소심한 사람은 모든 것을 듣고, 수집하고, 해석하려 한다. 따라서 그에게 대화는 모든 사람이 자기가 겪은 일을 털어놓는 경우와 같이 어리석고 일관성 없는 것이 된다. 하지만 현명한 사람은 훌륭한 정원사처럼 여러 징후나 이야기에 가위질한다. 자연 속에서는 더더욱 그러하다. 모든 것이 우리와 맞닿으며 또 우리를 사로잡을 수 있기 때문이다. 지평선이 벽처럼 우리 눈앞을 가로막을 수도 있다. 하지만 우리는 사물을 원래의 자리로 되돌려 보낸다. 사유라는 것은 다양한 인상印象들을 말살하는 것이다.

개간 작업. 내가 아는 어떤 여자는 감수성이 예민해서 한 그루의 나무나 가지가 하나 잘리는 것만 보아도 괴로워했다. 하지만 벌목꾼이 없다면 가시덤불, 뱀, 늪지, 열병, 굶주림이 순식간에 널리 퍼지게 될 것이다. 이와 마찬가지로 인간은 각자 자기의 기분을 개간해야 한다. 자기의 기분을 부정하는 것은 사물을 믿지 못하는 것 그 자체이다. 이 세계는 창과 도끼에 개방되어 있다. 이 세계는 꿈을 희생시켜 만든 길이다. 세계는 전조前兆에 대한 도전과도 같은 것이다. 이와 반대로 자신에게 관대하고 인상을 중요시한다면 세계의 문은 닫히고 만다. 세계는 현존으로 그 자체를 알린다. 카산드라는 불행을 예언한다. 잠든 영혼이여, 카산드라를 믿지 마라. 참된 인간은 분연히 일어나 미래를 만들어 간다. (1913년 8월 25일)

24. 우리의 미래

모든 일의 연관 관계와 인과관계를 제대로 이해하지 못한다면 우리는 미래로 인해 골치 아파질 것이다. 꿈이나 점술가의 말은 우리의 희망을 짓밟아 버리게 될 것이다. 징조는 도처에서 찾아볼 수 있다. 그것은 신학적 관념과 같다. 잘 알려진 우화 중에 이런 게 있다. 한 시인이 집이 무너져 죽을 것이라는 예언을 들었다. 그는 밤중에 밖으로 나갔다. 하지만 신들은 그를 그냥 내버려두지 않았다. 독수리가 그의 대머리를 돌로 착각해 그 위에다 거북이 한 마리를 떨어뜨렸다고 한다. 또 이런 우화도 있다. 한 왕자가 사자에게 잡아먹힐 것이라는 신탁을 받았다. 이 왕자는 시녀들에게 둘러싸여 집 안에서 보호를 받았다. 하지만 그는 사자 그림이 그려져 있는 양탄자를 보고는 울화가 치밀어 주먹질하다가 부러진 못에 주먹을 다쳐 파상풍으로 죽었다.

이런 우화들은 나중에 신학자들이 교의에 도입해 예정설의 모태가 됐다. 사람이 무엇을 하든지 그의 운명은 미리 정해져 있다는 것이다. 이것은 아주 비과학적이다. 이 숙명론은 결국 "원인이 무엇이건 간에 거기서 파생되는 결과는 같다."는 말이 되기 때문이다. 그런데 우리는 원인이 다르면 결과도 달라진다는 것을 알고 있다. 또한 다음과 같은 추론을 통해 미래는 피할 수 없다는 환상을 깨뜨릴 수 있다. 예컨대 내가 몇 날 몇 시에 벽에 깔려 죽을 것이라는 사실을 알고 있다고 가정해 보자. 나는 정확히 이 사실을 알고 있기에 그 예언이 적중되지 않게 할 수 있는 것이다. 우리는 이처럼 살고 있다. 매순간 우리가 불행을 모면하는 것은 그 불행을 미리 예견하기 때문이다. 우리가 이처럼 예견하는 불행, 게다가 이치에 맞게 예견하는 불행은 절대 발생하지 않는다. 만일 내가 길 한복판에 서 있다면 자동차에 치여 죽을 것이다. 하지만 나는 거기에 있지 않다.

그렇다면 운명에 대한 이와 같은 믿음은 어디에서 오는가? 주로 다음과 같은 두 가지 원인에서 온다. 먼저 우리를 기다리고 있는 불행 속으로 우리를 내던지는 것은 대개 우리 자신의 공포이다. 만일 내가 자동차에 치여 죽는다는 예언을 들었고, 하필 그 불행한 순간에 예언이 떠올랐다면, 그것만으로도 나는 제대로 대처하지 못하게 될 것이다. 왜냐하면 그 순간에 내게 필요한 것은 도피해야 한다는 생각이기 때문이다. 이 생각을 하자마자 곧바로 행동이 뒤따르게 된다. 하지만 이와는 반대로 멈춰 서려는 생각을 하게 되면 같은 메커니즘으로 나는 마비되고 만다. 이것은 일종의 현기증인데, 그 덕택에 점술가들이 재산을 불리는 것이다.

또한 우리의 정념이나 악덕은 어떤 길을 통해서도 같은 목적에 도달하는 힘을 가지고 있다는 사실을 지적해야 할 것이다. 우리는 도박꾼이 도박을 하리라는 것, 수전노가 돈을 모으리라는 것, 야심가가 계책을 꾸미리라는 것을 예언할 수 있다. 점술가는 아니라 할지라도 우리는 우리 자신에게 일종의 운명을 내던지는 경우가 있다. "나는 이렇게 생겨 먹었어. 이제 아무것도 할 수 없어."라고 말하면서 말이다. 이것 역시 현기증이며, 바로 이 현기증이 예언을 적중시키는 것이다. 만일 우리가 주위에서 끊임없이 일어나는 변화, 여러 다양한 조그마한 원인의 변종과 계속되는 변화를 잘 알고 있다면, 그것만으로도 우리 스스로 숙명 같은 것을 만들지 않을 수 있을 것이다. 『질 블라』를 읽어보라. 이 것은 아주 대단한 책은 아니다. 하지만 이 책에서 우리는 행운도 불운도 너무 신뢰해서는 안 되며, 배를 예로 든다면 바닥의 짐을 버리고 바람 부는 대로 내버려두어야 한다는 것을 배우게 된다. 우리의 실수가 우리보다 먼저 사라진다. 그러니 그것들을 미라로 만들어 소중히 간직하지 말라. (1911년 8월 28일)

25. 예언

내가 아는 어떤 사람이 자신의 운명을 알고 싶어서 점쟁이를 찾아가 손금을 본 적이 있다. 그의 말에 따르면, 그저 장난삼아 손금을 본 것이지 믿는 것은 아니었다. 하지만 그가 나에게 먼저 의견을 구했다면 말렸을 것이다. 왜냐하면 그것은 위험한 장난이기 때문이다. 아무 말도 듣지 않았으면 아무것도 믿지 않는 것은 쉬운 일일 것이다. 그때는 믿어야 할 것이 아무것도 없으니까 그 누구도 믿지 않을 것이다. 안 믿는다는 것은 처음에는 쉬우나 곧 어려워진다. 점쟁이들은 이 사실을 잘 알고 있다. 그들은 이렇게 말한다. "믿지 않는다면 대체 무엇을 걱정하십니까?" 이것이 바로 그들이 쳐놓은 함정이다. 나로서는 점쟁이의 말을 믿을지도 모른다는 것을 불안해한다. 왜냐하면 점쟁이가 무슨 말을 할지 모르기 때문이다.

내 생각에 점쟁이는 자기 자신을 믿고 있다고 생각한다. 왜냐하면 그가 단지 농담을 할 양이면, 예측 가능한 일들을 모호한 말투로 말할 것이기 때문이다. "당신에게 귀찮은 일이 생길 것입니다. 또 조금 낭패도 보게 될 것입니다. 하지만 끝에 가서는 성공할 겁니다. 적도 있겠지만 언젠가는 당신이 옳다는 것을 인정해줄 겁니다. 그때까지 친구들이 당신을 변함없이 위로해줄 겁니다. 지금 당신이 걱정하고 있는 일에 대해 곧 한 통의 편지를 받게 될 겁니다." 등등, 이런 식으로 계속할 수 있을 것이다. 하지만 이런 정도라면 그 누구에게도 전혀 해가 되지 않는다.

하지만 만일 점쟁이가 자기 자신을 진짜 점쟁이로 생각한다면, 그가 당신에게 무서운 불행을 예고하는 일도 있을 수 있다. 정신력이 강하다면 웃어넘길 수도 있을 것이다. 그래도 점쟁이의 말이 기억 속에 남아 몽상을 하거나 꿈을 꿀 때 느닷없이 나타나 당신의 마음을 약간 흔들어 놓을 수도 있다. 이런 현상은 그 예언에 해당하는 것 같은 사건이 발생하는 날까지 계속될 것이다

내가 아는 한 처녀가 점쟁이에게 손금을 보았는데, 이렇게 말했다고 한다. "당신은 결혼해서 아이를 낳을 겁니다. 하지만 그 아이를 잃게 될 겁니다." 이 예언은 처음에는 그다지 중압감을 주지 않았다. 하지만 시간이 흘러 그 처녀가 결혼하고 아이를 낳자 무거운 중압감으로 다가왔다. 아이가 병에라도 걸리게 되면 그 점쟁이의 불길한 말은 어머니의 귓가에 경종처럼 울리게 될 것이다. 예전에 그녀는 점쟁이를 비웃었을 것이다. 하지만 보기 좋게 복수를 한 셈이다.

이 세상에서는 수많은 종류의 사건이 발생한다. 그러므로 가장 확고한 판단이라도 흔들릴 수 있는 우연한 일치도 있게 마련이다. 당신은 있을 것 같지도 않은 불길한 예언에 대해 웃어넘길 수도 있다. 하지만 그 예언이 부분적으로라도 실현되면 결코 웃어넘길 수가 없게 된다. 이렇게 되면 아무리 용기 있는 사람이라도 그다음에 일어날 일을 기다리게 된다. 주지하다시피 공포심

은 참사參事 못지않게 우리를 괴롭힌다. 서로 알지 못하는 두 명의 점쟁이가 당신에게 같은 예언을 하는 때도 있다. 만일 이런 일치에도 당신의 지성이 허용하는 한도 이상으로 흔들리지 않는다면, 나는 당신을 존경할 것이다.

나로서는 미래를 생각하지 않고 그저 내 발밑만 보는 것을 좋아할 따름이다. 점쟁이를 찾아가 손금 같은 것을 보지 않을 뿐만 아니라, 사물들의 본성 속에서 미래를 읽으려고도 하지 않을 것이다. 왜냐하면 우리가 아무리 현명하다고 할지라도 우리의 시선이 그렇게 먼 데까지 미치리라고 생각할 수 없기 때문이다. 나는 위에서 중요한 일은 누구에게든 전혀 예견되지 않은 채 발생한다는 사실을 지적했다. 우리가 호기심이라는 병에서 벗어나게 되면 분명 신중함이라는 또 하나의 병 역시 치유해야 할 것이다. (1908년 4월 14일)

26. 헤라클레스

인간은 자신의 의지 속에서만 힘을 얻을 뿐이다. 이 생각은 종교나 기적이나 불행과 마찬가지로 오래된 생각이다. 반대로 이 생각은 그 본질상 의지와 함께 타파될 수 있는 생각이기도 하다. 그도 그럴 것이 영혼의 힘은 결과에 따라 입증되기 때문이다. 헤라클레스는 자기를 노예라고 생각하게 될 때까지 자신에게 이런 종류의 증명을 계속 했다. 그리고 그는 자기가 노예라고 믿게 되자 비참한 삶보다는 차라리 깨끗하게 죽는 것을 선택했던 것이다. 이 신화는 아주 아름답다. 나는 어린아이들에게 외부에서 오는 힘을 극복하는 방법을 가르치기 위해 헤라클레스의 위업을 암송시키고 싶다. 왜냐하면 이것이야말로 진정 산다는 것이고, 또 하나의 방법인 비겁한 태도는 천천히 죽어가는 행위일 뿐이기 때문이다.

나는 어려운 일을 극복하면서 반성하는 소년, 그릇된 길로 접어들었을 때는 우선 "내가 잘못했군."하고 말하면서 자신의 잘못을 찾아 진심으로 괴로워하는 소년을 좋아한다. 하지만 항상 주위의 사물이나 사람들에게서 구실을 찾는, 인간의 형상을 한 이 자동기계를 어떻게 하면 좋을까? 그렇게 해서는 전혀 기쁨을 맛볼 수 없다. 주위의 사물이나 사람들이 이 불행한 인간을 완전히 외면할 것이 너무 명백하기 때문이다. 따라서 그런 인간의 생각은 추운 겨울날의 나뭇잎처럼 바람에 날아가게 마련이다. 나는 다음과 같은 사실에 감탄한다. 즉 자기 밖에서 변명을 찾는 사람들은 절대로 만족하지 못하지만, 이와는 달리 자기의 잘못을 솔직히 인정하면서 "내가 바보였어."라고 말하는 사람들은 그와 같은 경험을 잘 소화해 강하고도 쾌활하다는 사실이 그것이다.

두 종류의 경험이 있다. 하나는 마음을 무겁게 하고, 다른 하나는 가볍게 한다. 이와 마찬가지로 사냥꾼에도 침울한 사냥꾼과 쾌활한 사냥꾼이 있다. 침울한 사냥꾼은 토끼를 놓치면 "내 운이 이렇다니까."라고 말하며, 곧이어 "이런 일은 나한테만 일어난다니까."라고 말한다. 하지만 쾌활한 사냥꾼은 토끼의 약삭빠름에 감탄한다. 이 사냥꾼은 인간의 냄비 속으로 달려드는 것이 토끼의 천성이 아님을 잘 알고 있기 때문이다. 속담에는 이와 같이 남자다운 지혜가 가득 차 있다. 나의 할머니는 가끔 "종달새는 결코 구운 고기가 돼 땅에 떨어지지 않는다."고 말씀하셨다. 이 말에는 상당히 깊이가 있다. 뿌리지 않은 씨앗은 싹트지 않는다고 한다. 어리석은 자는 "음악을 좋아하게 되면 좋을 텐데."라고 말한다. 그렇다면 먼저 음악을 해보아야 한다. 음악이 처음부터 있었던 것은 결코 아니다.

모든 것이 우리의 뜻과 어긋난다. 아니 좀 더 적절하게 말하자면, 모든 것이 우리에게 무관심하고 마음을 두지 않는다. 지구의 표면은 인간의 수고가 없었다면 가시덤불과 질병으로 뒤덮

였을 것이다. 인간에게 적의를 갖고 있지 않지만 그렇다고 호의적이지도 않다. 인간을 위한 것은 오로지 인간의 수고뿐이다. 하지만 공포를 만들어내는 것은 희망이다. 이런 이유로 우연히 성공을 거두는 것은 좋은 출발이 못 된다. 신을 축복하는 자는 곧 신을 저주하게 될 것이다. 이것은 신혼부부가 한동안 결혼식을 올린 구청의 구청장이나 교회의 문지기를 좋아하는 것과 같다. 그들은 교회의 고용인이 결혼식이 끝난 후 어떤 표정으로 촛불을 껐는지 보지 못했던 것이다. 어느 날 향수 가게 여점원의 미소를 본 적이 있다. 하지만 그녀는 가게의 문을 닫으면서 동시에 미소도 지워버렸다. 그리고 상점의 덧문을 닫는 상인의 모습도 멋진 광경이다. 인간의 경우에도 마찬가지지만, 낯선 사물 그 자체가 움직이는 고유의 법칙을 우리에게 보여줄 때 비로소 우리는 인간으로서 일에 착수한다. 하지만 어떤 존재가 우리에게 호의를 약속하자마자 우리는 그것의 진짜 모습을 알게 되지 못하게 되며, 희망하는 것 말고는 아무것에도 의지할 수 없게 되어버린다. 존재 하나하나는 이와 같은 전조나 외견보다도 각 존재 덧문의 배후나 풍부한 실존에서 훨씬 더 아름답고 친근하다. 내가 보기에는 정력적인 사람들이 차이와 변화를 좋아한다. 평화란 여러 가지 힘 사이에 존재하는 것이다. (1922년 11월 8일)

27. 의지

"나뭇잎이 돋아나기 시작하네. 얼마 안 가 송충이가 생겨 느릅나무 잎사귀를 모두 갉아 먹어버릴 걸세. 나무는 폐를 잃은 것처럼 되네. 곧 보게 되겠지만, 나무는 질식하지 않으려고 새 잎을 돋아나게 하지. 이렇게 해서 봄을 두 번 겪는 거와 같네. 하지만 이런 노력으로 나무는 진이 빠지고 말걸세. 잘 보게. 일이 년 후에는 나무에서 새잎이 돋아나지 못할 거고, 결국 죽고 말걸세."

나무를 좋아하는 한 친구가 나와 그의 정원을 산책하면서 이렇게 탄식했다. 그는 백년이나 된 느릅나무를 가리키면서 곧 죽을 것이라고 말하는 것이었다. 내가 그에게 말했다. "싸워야 하네. 송충이가 무슨 힘이 있겠나. 한 마리를 죽일 수 있으면, 백마리 아니 천 마리도 죽일 수 있네."

그가 대답했다. "천 마리 정도가 아니라네. 몇 백만 마리는 될 거야. 생각하기도 싫네."

내가 그에게 말했다 "하지만 자네는 돈이 있지 않은가. 돈으로 인부를 구할 수 있네. 열 명의 인부가 열흘 일 하면 송충이

천 마리 이상을 잡을 수 있네. 이렇게 아름다운 느릅나무를 보존하기 위해 몇 백 프랑쯤 희생할 수 없단 말인가?"

그가 다시 말했다. "돈이야 있네. 하지만 인부를 구할 수 없네. 누가 저 높은 가지에 올라간다는 말인가? 가지치기하는 사람이 있어야 할 걸세. 내가 알기에는 이 지방에 두 사람뿐이네."

내가 그에게 다시 말했다. "두 사람만 해도 굉장하네. 그 두 사람에게 높은 가지를 맡기게나. 조금 서투른 다른 사람들에게는 사다리를 쓰라고 하게. 나무를 모두 다 살릴 수는 없다 하더라도 적어도 두세 그루쯤은 살릴 수 있을 걸세."

그가 마지막으로 말했다. "나에겐 용기가 부족하네. 난 내가 어떻게 할지 알고 있네. 송충이들이 침해하는 것을 보지 않기 위해 얼마 동안 딴 곳에 가 있을 걸세."

내가 대답했다. "상상력의 힘이란 굉장하군. 자네는 싸우기도 전에 이미 줄행랑을 치고 있네. 손닿는 데까지만 해보도록 하게. 엄청난 일과 인간의 나약함을 생각하면 결코 행동할 수 없네. 그러니 먼저 행동하고 그다음에 그 행동에 대해 생각하는 걸세. 이 석공을 보게. 말없이 손잡이를 돌리고 있지. 커다란 돌은 좀처럼 움직이지 않는다네. 하지만 결국은 집이 완성될 것이고 계단에서는 아이들이 뛰어놀게 되네. 나는 언젠가 한 직공이 두께가 15센티미터나 되는 강철에 구멍을 뚫기 위해 손잡이가 구부러진 송곳에 매달려 있는 것을 보고 감탄한 일이 있네. 그는 휘파람을 불면서 계속 연장을 돌리더군. 깎여나간 강철 부스러기가 눈송이처럼 휘날렸네. 나는 그 사람의 대담성에 반했었지. 벌써 10년 전의 일일세. 분명 그는 그 강철에 구멍을 뚫고 또 다른 많은 강철에도 구멍을 뚫었을 걸세. 송충이는 자네에게 교훈을 주네. 느릅나무에 비한다면 송충이 한 마리가 뭐겠는가? 하지만 그 송충이가 조금씩 파먹어 들어가게 되면 숲 전체가 결딴날 걸세. 조그마한 노력에 신념을 가져야 하네. 벌레에 맞서서는 벌레가 되어 싸워야 하네. 수많은 원인이 자네에게 유리하게 작용하고 있네. 그렇지 않다면 느릅나무는 벌써 죽어버렸을 걸세. 운명은 변덕스럽네. 손가락 끝만 움직여도 세상을 새롭게 만들 수 있네. 아무리 사소한 노력이라 해도 엄청난 결과를 가져올 수 있네. 이 느릅나무를 심은 사람은 인생이 짧다고 생각하지 않았을 걸세. 자네도 그 사람처럼 단지 자네 발밑만 보면서 과감하게 행동하게나. 그렇게 하면 느릅나무도 살릴 수 있을 걸세."(1909년 5월 5일)

28. 누구나 원하는 것을 얻게 된다

누구나 자기가 원하는 것을 얻게 된다. 젊은 시절에는 이 말을 오해하기 마련이다. 그도 그럴 것이 그때는 만나처럼 하늘에서 먹을 것이 저절로 떨어진다고 생각하고 그저 기다리기만 하기 때문이다. 하지만 만나는 하늘에서 떨어지지 않는다. 우리가 구하고자 하는 것은 저 산과 같다. 산은 달아나지는 않지만, 우리를 기다리고 있다. 그래서 산에 올라야만 하는 것이다. 모든 야심가는 확고한 발걸음으로 출발해 저마다의 목적지에 도착한다. 그것도 내가 생각했던 것보다 훨씬 빨리 도착한다. 실제로 그들은 유익한 행동을 절대 늦추지 않는다. 그들은 도움이 된다고 생각되는 사람들을 정기적으로 만난다. 또한 만나서 즐거울 뿐 도움이 되지 않는 무익한 친구들은 멀리한다. 마지막으로 그들은 필요한 경우에는 아첨도 한다. 내가 그들을 비난하는 것이 아니다. 그것은 각자 기호嗜好의 문제이다. 다만 당신에게 출세의 길을 열어줄 수 있는 사람에게 불쾌한 진실을 털어놓고 싶더라도, 당신이 승진하고 싶다는 말을 절대로 하지 말라. 사람들이 종종 새가 되는 꿈을 꾸는 것처럼 당신은 승진을 꿈꾸고 있는 것이다. 마치 사람을 만나는 수고도 않고 아무 걱정거리도 없는 장관이 되는 꿈을 꾸는 것처럼 말이다. "나를 찾으러 오겠지. 나는 손가락 하나 움직이지 않을 거야."라고 말하는 게으른 자들을 나는 적잖이 알고 있다. 결국 그들은 조용히 있고 싶어 그렇게 말하는 것이다. 그래서 사람들은 그들을 가만히 내버려둔다. 따라서 그들은 스스로 생각하는 것만큼 불행한 것은 아니다. 바보란 마치 솔개처럼 단번에 풍족한 먹이를 잡을 생각에 갑자기 이틀에 열 걸음씩 분주하게 움직이는 자를 말한다. 이렇게 제대로 준비가 안 된 상태로 서둘러 봤자 아무것도 얻을 수 없다. 나는 꽤 유능한 사람 중에서도 이처럼 일확천금을 꿈꾸는 사람을 본 적이 있다. 그런 분별없는 짓을 해서 실패한 후에 사람들은 종종 사회가 부당하다고 원망한다. 하지만 부당한 것은 오히려 그들이다. 사회는 스스로 구하지 않는 사람에게 아무것도 주지 않는다. 여기서 구한다는 것은 끊임없이 계속 구하는 것을 의미한다. 또한 사회가 아무것도 주지 않는다는 것은 조금도 나쁜 것이 아니다. 왜냐하면 지식이나 판단력만이 전부가 아니기 때문이다. 정치를 잘 알고 있는 사람도 정치라는 직업의 때 ―모든 직업에는 때가 있는 법이다― 는 결코 마음에 들지 않는다고 말하는 경우가 있다. 그런데 자기 직업을 좋아하지 않는다면 지식이나 판단력을 가지고 있다는 것이 무슨 소용이 있겠는가? 바레스는 청원서를 다 받았고, 거기에 추천서를 써주었고, 공약을 잊지 않았다. 그를 대정치가라고 할 수 있을지는 모르겠지만, 자기의 직업을 사랑하고 있었던 것은 분명하다.

반복해서 말하지만, 부자가 되고 싶은 사람은 누구나 그렇게 될 수 있다. 이런 말을 하면 부자가 되고 싶었는데 그렇지 못한 자들이 화를 낼 수도 있다. 그들은 산을 바라보았는데, 산은 오히려 그들이 오기를 기다리고 있었던 것이다. 돈이란 모든 이익과 마찬가지로 무엇보다도 충실성을 요구한다. 대부분의 사람은 단지 돈을 벌 필요가 있기 때문에 번다고 생각한다. 하지만 돈은 그저 필요하므로 구하는 사람을 피해 간다. 부자가 된 사람들은 모든 것을 뒤로 미룬 채 돈을 벌려고 했던 것이다. 부자가 된 자는 친구 사귀듯이 마음에 들고 자기 취향과 환상을 추구할 수 있는 번듯한 사업을 찾고, 사업하는데 어려워하지 않고 관대하기조차 한데 비해, 필요로 돈은 버는 자는 뜨거운 도로 위에 내리는 비처럼 증발돼 버리는 것이다. 엄격함과 용기가 필요하다. 그러니까 옛날 기사들처럼 역경 속에서 단련할 필요가 있는 것이다. 수은과 금이 결합하는 것도 매일 매시간 계산을 하는 사람에게 붙는 이익처럼 빠르지는 않다. 하지만 경박하게 돈을 좋아하는 자는 심판을 받게 된다. 낭비하고자 하는 자는 결코 돈을 벌지 못한다. 이는 당연하다. 왜냐하면 그가 원하는 일은 낭비하는 것이지 버는 것이 아니기 때문이다. 내가 아는 어떤 농업 애호가는 자신의 기쁨을 위해, 그리고 건강을 위해 씨를 뿌렸다. 그는 단지 손해만 안보길 바랐다. 하지만 일이라는 것이 그렇게 쉽게 균형이 잡히지는 않는 법이다. 그는 보기 좋게 파산했다. 세상에는 노인의 탐욕과 거지의 탐욕이라는 것도 있다. 이것은 편집증에 해당한다. 하지만 상인의 욕심은 그 직업 자체에서 기인한다. 돈을 벌고 싶다면 당연히 그 수단을 세워야 한다. 말하자면 사소한 이익들을 합해야 한다. 혹은 한 발자국 한 발자국 보지 않고 올라가야만 한다. 하지만 길에 있는 모든 돌이 우리에게 호의적인 것은 아니다. 더군다나 중력이라는 것은 우리를 결코 자유롭게 버려두지 않는다. 손해라는 말은 좋은 말이다. 왜냐하면 상인에게 손해는 늘 있게 마련이고, 결국 그 것이 상인을 당기고 있기 때문이다. 이 두 가지 중력을 느끼지 못하는 사람은 헛수고하는 것이다. (1924년 9월 21일)

29. 운명에 대해

볼테르는 이렇게 말했다. "운명은 우리를 인도하고 또 조롱한다." 그처럼 자기 자신에게 충실했던 사람이 이런 말을 한 것은 대단히 놀라운 일이다. 외부에서 오는 운명은 강력한 수단을 통해 작동한다. 데카르트 같은 사람도 돌이나 포탄으로 분쇄될 수 있다. 이런 힘들은 우리 모두를 한순간에 이 지구상에서 없애버릴 수 있다. 하지만 이런 사건들은 인간을 쉽게 죽일 수는 있어도 결코 인간을 변화시킬 수는 없다. 나는 인간이 죽을 때까지 매사를 잘 이용한다는 사실에 감탄한다. 개가 닭을 잡아먹고 그것으로 살과 지방질을 만드는 것처럼, 인간은 사건을 소화한다. 강한 생물에 고유한 이와 같은 부단한 의욕은 모든 일이 벌어지는 사물의 다양한 변화 속에서도 반드시 길을 찾아내게 된다. 강한 인간의 특성은 모든 사물 그 자신의 각인을 남기는 것이다. 하지만 이 힘은 생각보다 훨씬 더 일반적이다. 사람에게 있어서 모든 사물은 마치 옷과 같은 것이어서 태도나 맵시에 따르게 된다. 식탁, 책상, 방, 집과 같은 것들은 사람의 손에 따라 정돈되거나 흐트러진다. 규모가 크든 작든 사업도 이와 마찬가지이다. 우리는 외부의 판단으로 사업의 성패를 말한다. 하지만 사업의 성패와 관계없이 사람은 언제나 쥐처럼 자기 나름의 구멍을 파고 있다. 잘 보라. 사람은 자기가 바라는 것을 해온 것이다.

"젊어서 구하면 늙어서 풍요롭다." 괴테는 이 속담을 그의 회상록 첫머리에 인용하고 있다. 그리고 그는 모든 사건을 자기 방식에 따라 만들어가는 자들의 훌륭한 본보기이기도 하다. 물론 모든 사람이 다 괴테는 아니다. 사실이다. 하지만 모든 사람은 누구든지 자기 자신이다. 사람의 흔적이 모두 아름다운 것은 아니다. 하지만 사람은 도처에 흔적을 남긴다. 사람이 원하는 것이 모두 훌륭하고 고상한 것은 아니다. 하지만 그는 스스로 원하는 것을 갖게 된다. 괴테가 아닌 사람은 결코 괴테가 되기를 바라지 않았을 것이다. 굽힐 줄 모르는 강인한 성격을 누구보다도 잘 파악하고 있는 스피노자는 인간에게는 말과 같은 완벽함이 필요하지 않다고 말했다. 이와 마찬가지로 그 누구도 괴테의 완전함을 이용하지는 못한다. 하지만 상인은 파산할 지경에 이르러서도 결코 매매를 중단하지 않는다. 어음을 할인하는 사람은 돈을 빌려준다. 시인은 시를 쓰고, 게으름뱅이는 잠을 잔다. 사람들은 흔히 이것저것을 가지지 못했다고 불평한다. 그러나 그 원인은 항상 그가 진정으로 바라지 않는다는 데 있다. 배추나 가꾸겠다고 생각한 퇴역 대령은 장군이 되고 싶었을지도 모른다. 하지만 내가 그의 삶을 조사할 수 있다면, 그가 꼭 해야 했음에도 하지 않았던, 또 그가 전혀 하려고 하지 않았던 사소한 일을 찾아낼 수 있을 것이다. 이렇게 해서 나는 그가 진심으로 장군이 되는 것을 바란 것이 아니라는 사실을 증명할 수 있을 것이다

나는 남다른 수완을 가지고 있으면서도 보잘것없는 지위에 머물러 있는 사람들을 알고 있다. 그런데 그들은 무엇을 바랐던가? 솔직함인가? 그들은 이것을 가지고 있다. 그들은 아첨하지 않았던가? 그들은 결코 아첨한 적이 없으며 지금도 하지 않는다. 판단하고, 충고하고, 거부하는 능력인가? 그들도 이것은

다 할 수 있다. 항상 돈을 무시하지 않았던가? 돈은 그것을 숭상하는 사람에게 가게 마련이다. 부자가 되고 싶었는데 그렇게 되지 못한 사람이 있으면 나에게 데려오라. 나는 다만 진심으로 부자가 되기를 소망한 사람을 가리킨다. 그저 바라는 것과 진정으로 바라는 것은 엄연히 다르다. 시인은 10만 프랑이 생기기를 희망한다. 하지만 그는 누구에게서 어떻게 해야 그것을 가질 수 있는지 모른다. 그는 이 10만 프랑을 갖기 위한 최소한의 동작도 하지 않는다. 따라서 그는 이 돈을 결코 손에 쥐지 못하는 것이다. 하지만 그는 아름다운 시를 쓰고 싶어 한다. 해서 그런 시를 쓴다. 악어가 악어가죽을 만들고 새가 깃털을 만드는 것처럼 그는 시를 쓴다. 그 시는 그의 본성에 따라 지어진 것이기 때문에 아름답다. 우리는 결국에 가서 통로를 발견해 내고야 마는 내부의 힘을 운명이라고 부른다. 이처럼 단단히 무장되고 조직된 생활과 피로스를 죽인 기왓장 사이에는 운명 이외의 다른 공통점이 없다. 칼뱅의 예정설은 자유 그 자체와 상당히 비슷하다고 말하면서 어떤 현자가 나에게 설명해준 것이 바로 이것이다. (1923년 10월 3일)

30. 절망하지 말라

경찰은 알코올 중독자를 치유하기 위해 그에게 다시는 술을 마시지 않겠다는 다짐이나 맹세를 하라고 시킨다. 하지만 이론가들은 이런 방법이 효과가 없다고 생각한다. 왜냐하면 이론가들이 보기에 습관이나 악덕은 확고하게 자리 잡아 고치기가 쉽지 않기 때문이다. 그들은 사물들에서 유추할 수 있는 것처럼 인간도 철이나 유황처럼 각각 자기 안에 독특한 행동 방식을 지니려 한다고 생각한다. 하지만 나는 오히려 이렇게 생각하는 편이다. 불에 달구어 망치로 두드려지거나 철판으로 되는 것이 철의 성질에서 기인하지 않고, 화약이나 포탄으로 사용되는 것이 유황의 성질에 속하지 않는 것처럼, 아주 강한 미덕이나 악덕도 대개는 인간의 본성에 속하는 것이 아니라고 말이다.

나는 알코올 중독자가 왜 술을 마시는지 그 이유를 잘 알고 있다. 그가 술을 끊지 못하는 것은 습관 때문이다. 즉 늘 마시는 것을 마시다 보면 더 갈증이 나고 결국에는 이성을 잃게 되는 것이다. 하지만 술을 마시는 최초의 동기는 아주 미미한 것으로, 맹세로써 이를 억제할 수 있다. 이 사소한 마음의 노력에서 출발하면, 이 사람은 20년 전부터 물밖에 마시지 않은 것처럼 술을 절제하는 인간이 될 수도 있다. 물론 이와 반대되는 때도 있다. 내가 술을 절제한다고 하자. 하지만 나는 아주 쉽게 알코올 중독자가 될 수도 있다. 내가 도박을 즐겼다고 하자. 하지만 사정이 변하면 도박 같은 것은 더는 생각조차 안 하게 될 수도 있다. 하지만 내가 다시 도박에 손을 대면 다시 그것을 즐기게 될 것이다. 정념 속에는 집념이 자리 잡고 있고, 특히 터무니없는 오류가 있다. 그래서 우리는 그것에 홀린다고 생각하는 것이다. 치즈를 싫어하는 사람은 맛조차 보려 하지 않는다. 왜냐하면 자기는 치즈를 절대 좋아하지 않을 거로 생각하기 때문이다. 흔히 독신자는 결혼생활이 견디기 힘들 거로 생각한다. 불행히도 절망에는 확신이 동반된다. 그러니까 강한 긍정이 따르는 것이다. 그로 인해 사람들은 위로를 밀쳐버린다. 나는 이것을 일종의 환상이라고 생각하는데, 이 환상은 지극히 당연하다. 사람들은 자기가 가지지 않은 것에 대해서는 잘못된 판단을 내리기 쉽다. 술을 마시고 있는 한 술을 절제한다는 것은 생각할 수 없다. 술을 마시는 행위 자체가 술을 절제하는 것을 밀쳐버리기 때문이다. 술을 안마시면 그것만으로 음주벽을 물리칠 수 있다. 이것은 슬픔, 도박, 그리고 그 밖의 일에도 해당된다.

이사할 무렵이 되면 떠나게 될 담벼락에까지 작별을 고한다. 하지만 가구들을 채 길거리에 내놓기도 전에 마음은 벌써 새집에 가 있다. 옛집은 잊힌다. 곧 그 집에 대한 모든 것이 잊힌다. 현재에는 언제나 젊음과 힘이 깃들어 있다. 또한 인간은 단호한 행동으로 현재에 적응하려 한다. 모든 사람이 이것을 느끼고 있으나, 믿으려 하지 않는다. 습관은 일종의 우상이며, 우리가 거기에 복종하기 때문에 힘을 갖는 것이다. 그리고 여기에서도 우리를 속이는 것은 사고思考이다. 왜냐하면 우리가 생각할 수 없는 것은 할 수 없는 일이라고 생각해버리기 때문이다. 상상력은 습관에서 벗어날 수 없다는 점을 통해 인간 세계를 이끌어 나간다. 또한 상상력은 창조해낼 줄 모른다고 해야 할 것이다. 창조해내는 것은 오히려 행동이다.

나의 할아버지는 70세쯤에 딱딱한 음식을 싫어하게 되었다. 그래서 최소한 5년 동안을 우유로 지내셨다. 사람들은 이것을 편집증이라고 했는데, 맞는 말이다. 어느 날 나는 식구들과 함께 점심을 먹다가 할아버지가 갑자기 닭다리를 뜯기 시작하는 것을 보았다. 그 후로 할아버지는 다른 식구들과 같은 식생활을 하면서 6, 7년을 더 사셨다. 그것은 분명 용기 있는 행동이었다. 그런데 할아버지는 무엇에 대해 용기를 발휘하셨던 것일까? 그것은 의견에 대해서였다. 또는 오히려 이 의견에 대해 할아버지가 가졌던 의견과 자기 자신에 대해 갖고 있던 의견에 대해서였다. 사람들은 이것을 행복한 성격이라고 말할 것이다. 하지만 그렇지 않다. 모든 사람이 다 행복한 성격을 가지고 있지만, 그걸 모르고 있는 것이다. 그리고 누구나 다 자기의 인품을 따르게 마련이다. (1912년 8월 24일)

31. 대초원에서

플라톤에 대한 몇몇 옛이야기들이 있다. 그것들은 세상에 흔히 있는 옛이야기들과 흡사하다. 하지만 플라톤에 관한 이야기들에는 무심코 내뱉은듯한 말들이 우리의 마음속에서 메아리치며 잘 알려지지 않았던 구석을 갑자기 환하게 비춰준다. 용사 에르Er의 이야기가 그렇다. 에르는 전투에서 죽었는데, 그의 죽음이 잘못됐다는 것이 인정되어 지옥에서 살아 돌아와 그곳에서 본 것을 이야기하고 있다.

지옥에서 겪는 가장 참혹한 시련이 여기에 있다. 영혼들 또는 망령들이 —마음대로 불러도 좋다— 대초원으로 끌려간다. 그리고는 그들 앞에 많은 자루가 내던져진다. 그 자루 속에는 그들이 선택하게 될 운명이 들어 있다. 그 영혼들은 아직도 과거의 삶에 대한 추억이 있다. 그들은 욕망과 회한에 따라 운명의 자루를 선택한다. 다른 것보다 돈을 탐냈던 자들은 돈으로 가득 찬 운명을 선택한다. 돈을 많이 가졌던 사람들은 더 많이 구하려고 찾아다닌다. 방탕했던 자들은 쾌락이 가득 한 자루를 찾는다. 야심가들은 왕의 운명을 찾는다. 마침내 각자 저마다 필요한 것을 발견해 새로운 운명을 어깨에 메고 떠나간다. 그리고는 '망각의 강'인 레테강의 물을 마시고, 각자의 선택에 따라 살기 위해 또다시 인간들이 사는 지상으로 출발한다.

이것은 참으로 기묘한 시련이자 이상한 형벌이다. 이것은 겉으로 드러나는 것보다 훨씬 더 무서운 형벌이다. 그도 그럴 것이 행복과 불행의 참된 원인에 대해 깊이 생각하는 자들이 거의 없기 때문이다. 이에 대해 생각하는 자들은 원천까지 거슬러 올라간다. 이성을 실패로 유도한 포악한 욕망에까지 거슬러 올라가는 것이다. 그들은 부를 경계한다. 부를 손에 넣으면 아첨에만 민감해져서 불행한 자들의 말을 들을 수 없게 되기 때문이다. 그들은 힘을 경계한다. 힘은 그것을 가진 자를 부정한 자로 만들기 때문이다. 또 그들은 쾌락을 경계한다. 쾌락은 지성의 빛을 흐리게 하고 마침내 그것을 꺼버리기 때문이다. 그래서 현자들은 외관상으로 아름다운 자루를 이것 저것 조심스레 뒤적여보는 것이다. 그들이 마음의 평정을 잃지 않고 노력 끝에 얻게 된 약간의 정의감을 화려한 운명이라는 위험에 빠뜨리지 않으려는 조심성 때문이다. 이런 사람들은 아무도 선택하지 않는 보잘것없는 운명을 등에 지게 될 것이다.

하지만 평생 욕망을 좇아다닌 사람들은 외관상 아름다운 자루에 혹해 눈앞의 일밖에 보지 못한다. 더 맹목적이고, 더 무지하고, 더 많은 거짓과 부정 이외에 그들이 그 무엇을 선택하기를 바라는가! 이렇게 해서 그 어떤 재판관이 벌을 내리는 것보다 더 가혹하게 자기 자신을 벌하는 것이다. 지금쯤 그 부자는 어쩌면 대초원에 있을지도 모른다. 그는 거기서 무엇을 선택하게 될까? 하지만 비유는 그만두기로 하자. 플라톤은 항상 우리의 생각 이상으로 더 가까운 곳에 있다. 나는 죽음에 이어지는 새로운 삶에 대해서는 아무런 경험도 하지 못했다. 따라서 내가 사후 세계를 믿지 않는다고 해봤자 거기에는 아무런 의미도 없다. 또한 나는 거기에 대해 아무것도 생각할 수도 없다. 오히려 이렇게 말하고 싶다. 우리가 우리 자신의 선택으로 벌을 받게 되고, 또 심지어는 우리 자신이 정해놓은 법에 따라 벌을 받게 되는 내세의 생활이란 바로 우리가 끊임없이 거기로 미끄러져 들어가는 미래, 또 각자 자기가 선택한 보따리를 풀어보는 미래라고 말이다. 그리고 우리가 여러 신과 운명을 책망하며 '망각의 강'에서 물을 마시는 일을 그만두지 않는다는 것 역시 진실이다. 야심을 선택한 자는 비속한 아첨, 질투, 부정 등도 함께 선택한다고 생각하지 않았다. 하지만 그것들은 그가 선택한 보따리 속에 함께 들어 있었던 것이다. (1909년 6월 25일)

32. 이웃의 정념

어떤 사람이 말한다. "너무 잘 아는 사람들과 함께 산다는 것은 정말 어려운 일이다. 그들은 스스럼없이 신세타령을 한다. 그 바람에 작은 고민을 크게 만든다. 듣는 사람들도 마찬가지이다. 자신들의 행동, 자신들의 이야기, 자신들의 감정에 대해 쉽사리 불평을 늘어놓는다. 정념이 폭발하도록 내버려 둔다. 아주 사소한 이유로 화를 낸다. 다른 사람의 배려, 애정, 용서를 지나치게 믿고 있다. 서로 너무 잘 알기 때문에 꾸밀 필요도 없다. 하지만 이와 같은 매 순간의 솔직성은 진짜 모습이 아니다. 그것은 모든 것을 과장한다. 그로 인해 아주 화목한 가정에서도 가시 돋친 말과 심한 몸짓이 나오는 것이다. 예의와 의식은 생각 이상으로 유익하다."

또 어떤 사람은 말한다. "전혀 모르는 사람들과 함께 산다는 것은 정말 어려운 일이다. 지하에는 금리생활자들을 위해

곡괭이질을 하는 광부들이 있다. 방안에는 백화점의 멋쟁이 여자 손님들을 위해 진이 빠지도록 일하는 여자 재봉사들이 있다. 이 순간에도 부잣집 아이들의 즐거움을 위해 수백 개의 장난감을 저렴한 가격으로 조립하는 불행한 사람들이 있다. 부잣집 아이들이나 멋쟁이 여자들이나 금리생활자들은 이런 일들에 대해 전혀 생각하지 않는다. 하지만 잃어버린 개나 발굽에 염증이 생긴 말은 가엾어 한다. 그들은 하인들에게 친절하기는 하지만, 그 하인들이 눈을 붉히고 있거나 뾰로통 해있는 꼴은 참지 못한다. 사람들은 가식 없이 곧잘 팁을 준다. 왜냐하면 그렇게 하면 카페의 보이, 심부름꾼, 마부들이 좋아하는 모습을 볼 수 있기 때문이다. 짐꾼에게 팁을 두둑하게 주는 바로 그 사람이 이렇게 주장하기도 한다. 철도 종업원은 철도 회사에서 주는 급료만으로 부족함 없이 생활할 수 있다고 말이다. 누구나 자기에게 이익이 되는 일이라면 남을 희생시키고 있다. 그리고 사회란 선량한 사람들까지 은연중에 잔혹한 행동을 허락하는 놀라운 기계이다."

세 번째 사람이 말한다. "서로 잘 알지 못하는 사람들과 함께 산다는 것은 좋은 일이다. 각자 자기의 말과 행동을 삼갈 것이다. 또 그렇게 해서 분노도 억제할 것이다. 즐거운 기분이 얼굴에 나타나게 되며, 곧장 마음도 즐거워진다. 뱉어놓고 후회할 말은 할 생각조차 않게 된다. 사람은 모르는 사람 앞에서는 자기의 장점만을 보이려고 하기 마련이다. 그리고 이런 노력을 통해 우리는 흔히 타인이나 자기 자신에 대해 더 공정한 사람이 된다. 알지 못하는 사람에게는 아무것도 기대하지 않는다. 그 미지의 사람이 사소한 것이라도 주게 되면 아주 만족한다. 내가 관찰한 바로는 외국인들은 친절하다. 그들이 예의 바른 인사밖에 할 줄 모르기 때문이다. 이런 이유로 어떤 사람은 외국에서 살기를 좋아한다. 외국에서는 짓궂게 굴 기회가 주어지지 않는다. 그래서 그들은 거기에서 더 만족한다. 대화는 제쳐놓고라도 길 위에서는 우정과 사과가 얼마나 쉽게 이루어지는가! 노인이나 어린이나 심지어 개까지도 호의를 보이며 지나간다. 이와는 반대로 거리에서 마부들은 서로 욕을 퍼붓는다. 마부들은 낯선 여행자들의 재촉을 받고 있는 것이다. 사회의 기구가 그다지 복잡하지도 않은데 벌써 삐걱거린다. 사회적인 평화는 조합이라든가 단체라든가 하는 기계적인 조직에서 파생되는 것이 아니다. 이와는 반대로 이 평화는 직접 교제, 이해의 뒤얽힘, 직접적인 의견 교환, 즉 너무 크지도 너무 작지도 않은 이웃 간의 결합에서 파생되는 것이다. 지역별 연방주의야말로 진짜이다." (1910년 12월 27일)

33. 가정에서

두 부류의 사람들이 있다. 소란스러움에 익숙해지려고 하는
사람들과 남들을 조용하게 만들려는 사람들이다. 나는 일을 하
고 있을 때나 잠을 자려고 할 때 소곤거리는 소리가 난다든가 의
자를 조금 소리 내어 움직였다고 해서 버럭 화를 내는 사람들을
많이 알고 있다. 또한 다른 사람의 행동에 절대 참견하지 않은
사람들도 알고 있다. 이런 사람들은 이웃의 대화나 웃음소리나
노랫소리 같은 것을 막기보다는 차라리 자기의 소중한 사색이
나 잠을 두어 시간쯤 줄이는 편이 낫다고 생각한다.

이와 같은 두 부류의 사람들은 어디에서나 자기들과 상반된
사람들을 피하고 자기들과 비슷한 부류의 사람들을 찾는다. 이
런 이유로 공동생활의 규칙이나 격률이 전혀 다른 많은 가정을
보게 되는 것이다. 어떤 가정에서는 한 사람의 마음에 들지 않
는 것은 다른 모든 사람에게도 금지된다는 원칙이 암암리에 인
정되고 있다. 한 사람은 꽃향기를 싫어한다. 또 한 사람은 떠드
는 소리를 싫어한다. 한쪽은 밤에 조용히 하라고 요구하고, 또
한 쪽은 아침에 조용히 하기를 바란다. 한 사람은 종교 문제를
거론하는 것을 원치 않는다. 이에 반해 또 다른 사람은 정치 이
야기만 나오면 이를 간다. 모든 사람이 서로에게 '거부권'을 인정

하고, 모두가 권리를 당당히 행사한다. 한 사람이 "이 꽃 때문에 온종일 머리가 아픈 것 같다."고 말하면, 다른 사람은 "어젯밤 11시쯤 누군가가 시끄럽게 문을 여는 소리 때문에 한숨도 못 잤다고 말한다." 식사 시간이 되면 마치 국회에서처럼 저마다 불평을 늘어놓는다. 얼마 되지 않아 모두 이 복잡한 헌장을 이해하게 된다. 그리고 교육의 목적은 이것을 어린아이들에게 가르치는 일이다. 마지막에 가서는 모두 움직이지도 않은 채 서로 마주 보면서 시시한 얘기들이나 하게 된다. 이렇게 해서 침울한 평화와 권태로운 행복이 이루어진다. 하지만 결국은 각자가 다른 사람을 방해하는 것 이상으로 그들로부터 방해받고 있다고 믿기 때문에, 자신이 관대하다고 생각해 확신에 차서 이렇게 반복해서 말한다. "자기 자신을 위하여 살아서는 안 된다. 다른 사람들을 생각해야 한다."

이런 가정도 있다. 거기에서는 각자가 마음대로 하는 것이 신성시되고 소중하게 여겨진다. 또 누구도 자기가 좋아하는 일이 다른 사람들에게 방해될 수도 있다는 점을 전하지 않는다. 하지만 이런 사람들에 대해서는 길게 말하지 말자. 그들은 이기주의자들이다. (1907년 7월 12일)

34. 배려

모두 유명한 다음과 같은 장면을 알고 있다. 바질Basile에게 "자네 얼굴이 몹시 창백하구나."라고 말하는 바람에 결국 자신이 병에 걸린 줄로 생각하게 된다는 장면이 그것이다. 나는 아주 화목해서 식구마다 다른 식구들의 건강을 염려해주는 그런 가정에 갈 때마다 매번 이 장면을 떠올리게 된다. 조금이라도 얼굴이 창백하거나 붉었다가는 큰일이다. 온 집안 식구들이 걱정하기 시작하며 그에게 이렇게 묻고 말한다. "잠은 잘 잤니?", "어제 뭘 먹었니?", "너무 무리한단 말이야." 그리고 그밖에 기운을 돋우는 다른 말을 한다. 그다음에는 '좀 더 일찍 손을 쓰지 않았던' 병에 관한 이야기가 이어진다.

나는 이런 식으로 애지중지 사랑을 받으며 보살핌을 받는 예민하고도 약간 소심한 사람을 딱하게 여긴다. 복통, 기침, 재채기, 하품, 신경통 등과 같은 일상의 사소한 불행들이 그에게는 곧 무서운 징후가 될 것이다. 그리고 그는 이 징후의 진행을 가족들의 도움과 의사의 무관심한 시선 밑에서 계속 지켜보게 될 것이다. 주지하다시피 의사란 바보가 될 위험을 무릅쓰면서까지 그런 사람들을 안심시키려고 고집 부리지는 않는다.

걱정거리가 생기게 되면 사람은 잠을 이루지 못하게 된다. 이런 이유로 상상으로 앓고 있는 우리의 환자는 자기 숨소리에 귀를 기울이며 밤을 보내고, 밤을 보낸 이야기를 하면서 낮을 보내게 된다. 이윽고 그의 병은 이러저러한 병으로 분류되고 모든 사람에게 알려지게 된다. 활기가 없어져 가던 대화가 다시 활기를 되찾게 된다. 이 불행한 사람의 건강에는 증권시장의 시세처럼 고저표가 붙게 된다. 때로는 높아지고 때로는 낮아진다. 그는 이 사실을 알게 되거나 예측하게 된다. 이렇게 되면 신경쇠약이 더해지게 된다.

그렇다면 치료법은? 가정家庭에서 멀어지는 것이다. 무관심한 사람들 사이에서 사는 것이다. 그들은 당신에게 지나가는 말로 "잘 지내십니까?"라고 물을 것이다. 하지만 당신이 진지하게 대답하면 그들은 모두 달아날 것이다. 그들은 당신의 불평은 들으려고도 하지 않을 것이고, 감히 당신의 위를 불편하게 하는 염려가 깃든 부드러운 시선을 주려하지도 않을 것이다. 이런 상황에서 곧바로 절망에 빠지는 일이 없다면 당신은 곧 치료될 것이다. 교훈. 남들에게 절대 안색이 좋지 않다는 말을 하지 말라.

(1907년 5월 30일)

35. 가정의 평화

나는 쥘 르나르의 끔찍한 작품 『홍당무』를 반복해서 읽는다. 이 책에는 관대함이 없다. 이 점에 대해서는 사물의 나쁜 면은 금방 눈에 띈다고 말해주고 싶다. 일반적으로 정념은 눈에 잘 띄지만, 우정은 쉽게 가려진다. 그리고 이런 현상은 친밀함이 크면 클수록 더 불가피하다. 이것을 이해하지 못하는 사람은 필연적으로 불행하다.

집에서는, 특히 서로 흉금을 터놓고 지내는 상황에서는 그 누구도 방해받지 않으며 가면을 쓰지도 않는다. 그러니까 어머니는 자기 아이 앞에서 자기가 좋은 어머니라는 사실을 증명해 보이려고 하지 않는다. 만일 그렇다면 그것은 아이가 흉포할 정도로 성격이 나쁠 때이다. 해서 착한 아이는 가끔 아무렇게나 취급당할 각오를 해야 한다. 이것이 바로 그가 받는 대가이다. 예절이란 무관심한 사람들과 관계된 것이고, 기분이란 좋든 나쁘든 간에 사랑하는 사람들과 관계된 것이다.

서로 사랑할 때 나타나는 효과 중의 하나는 불쾌감이 순수하게 교환되는 것이다. 현명한 사람은 이것을 신뢰와 친밀함의 증거로 생각한다. 소설가들이 종종 묘사하고 있듯이, 아내가 부정을 저질렀다는 최초의 표시는 다시 예의와 조심성을 가지고 남편을 대하는 것이다. 하지만 이것을 타산적인 행동이라고 생각하는 것은 잘못이다. 왜냐하면 거기에는 이미 터놓고 하는 행동이 없기 때문이다. "한 번 매를 맞아보고 싶구나!" 이 연극대사는 마음속의 진실을 우스울 정도로 확대해서 보여주고 있다. 때리고 욕하고 저주하는 것은 항상 어떤 일의 시작이다. 이와 같은 지나친 신뢰로 가정이 파탄 날 수도 있다. 즉 가정이 모르는 사이에 분노로 목소리를 높이는 가증스러운 장소가 되어버린다는 것이다. 이것은 당연한 일이다. 이런 일상의 친밀함 속에서는 한 사람의 분노가 다른 사람의 분노를 일으키며, 아주 사소한 감정까지도 크게 상하게 된다. 따라서 언짢은 기분은 쉽게 그려낼 수 있다. 그리고 그 기분을 설명해주기만 한다면, 병 가까이에서 곧 치료법이 발견될 수 있다.

누구나 자기가 잘 알고 있는 사람의 심술이나 괴팍함에 대해서는 아주 간단하게 이렇게 말한다. "그게 그의 성격이야." 하지만 나는 그다지 성격을 믿지 않는다. 왜냐하면 경험에 비춰보면 규칙적으로 억압 받아온 것은 소홀히 여겨질 정도로 그 중요성을 잃어버리기 때문이다. 신하는 왕 앞에서 불쾌감을 감추고 있는 것이 아니다. 그보다는 오히려 왕에게 잘 보이려는 강한 욕구 때문에 그런 기분이 없어지는 것이다. 하나의 동작은 다른 동작을 배척한다. 우호적으로 손을 내밀면서 주먹질을 할 수는 없다. 어떤 동작을 시작했다가 억제했을 때 심하게 긴장된 감정 역시 이와 마찬가지이다. 사교적인 여자가 예기치 않은 손님을 맞이하기 위해 분노를 억눌렀다 치자. 이 경우 나는 "굉장한 위선이군!"이라고 말하지 않는다. 오히려 "분노를 가라앉히는 좋은 방법이군!"이라고 말한다.

가정의 질서도 법의 질서와 같다. 결코 저절로 만들어지지 않는다. 이는 의지로 이루어지고 유지된다. 최초의 충동에서 발생하는 위험을 잘 이해하는 사람은 자기의 태도를 조절해 자기가 좋아하는 감정을 간직한다. 이런 이유로 의지의 시각에서 보면 결혼은 해소될 성질의 것이 아니다. 결혼함으로써 사람들은 폭풍우를 가라앉히며 결혼을 잘 유지하려는 의무를 자신에게 부과하는 것이다. 이것이 바로 맹세의 효용성이다. (1913년 10월 14일)

36. 사생활에 대해

라 브뤼예르였다고 생각하는데, 그는 훌륭한 결혼은 있지만 달콤한 결혼은 없다고 말했다. 우리 인류는 이런 사이비 도덕주의자들의 진흙탕에서 빠져나와야 한다. 그들의 주장을 따르면, 사람은 마치 과일 맛을 보듯이 행복에 대해 맛보고 이러니저러니 말을 하게 된다는 것이다. 하지만 내가 볼 때 과일에 대해서도 맛을 좋게 하는 방법이 있다. 결혼과 그 밖의 모든 인간관계에 대해서도 그렇다. 이와 같은 일들은 맛을 보거나 참고 견디기 위한 것이 아니다. 그런 일들을 잘 만들어내야 한다. 사회라는 것은 날씨나 바람에 따라 기분이 좌우되는 나무 그늘과 같은 것이 아니다. 이와는 달리 사회라는 것은 마법사가 비를 내리게 하고 날씨를 좋게도 하는 기적의 장소이다.

누구나 자신의 사업이나 출세를 위해 많은 노력을 기울인다. 하지만 대부분의 사람은 가정의 행복을 위해서는 아무것도 하지 않는다. 나는 이미 예의에 대해 꽤 많이 썼지만, 아무래도 당연히 해야 했던 칭찬을 하지 못한 것 같다. 나는 예의가 낯선 사람에게만 효과 있는 허위라고 절대 말하지 않는다. 다만 감정이 진실하고 귀중한 것일수록 더욱더 예의가 필요하다고 말한다. 장사꾼은 "이런 빌어먹을"이라고 말하면서 자기 생각을 털어놓은 것으로 믿고 있다. 하지만 거기에는 정념의 함정이 도사리고 있다. 우리의 일상생활에서 그 모습을 드러내는 모든 것은 다 가짜다. 잠에서 깨어나 눈을 뜬다. 내가 보는 모든 것은 허위이다. 내가 하는 일은 사물을 판단하고 평가하고 그것을 있어야 할 곳에 되돌려 놓는 것이다. 얼핏 눈에 띄는 것은 모두 다 한 순간의 꿈이다. 꿈이란 판단이 수반되지 않는 짧은 순간의 각성이다. 그렇다면 왜 당신은 나에게 나의 직접적인 감정을 잘 판단하라고 요구하는가?

헤겔은 직접적인, 즉 자연적인 영혼은 항상 우수에 싸여 있고 짓눌려 있다고 말한다. 이 주장은 아주 심오한 의미를 담고 있다. 아무리 반성해도 잘못을 고칠 수 없다면 반성하는 방법이 잘못된 것이다. 그리고 자문하는 사람은 반드시 답을 잘못하게 된다. 단지 자신만을 응시하면서 생각할 뿐인 사고思考는 권태, 비애, 불안, 초조일 따름이다. 시험 삼아 물어보라. "시간을 보내기 위해 무얼 읽지?"라고 말이다. 당신은 벌써 하품을 한다. 필요한 것은 읽기 시작하는 것이다. 욕망은 의지의 형태를 취하지 않으면 사그라지고 만다. 이런 고찰만으로도 마치 자신의 고유한 생각을 풀이나 조개껍데기를 관찰하듯이 샅샅이 살피라고 주장하는 심리학적들을 충분히 판단할 수 있다. 하지만 생각한다는 것은 원하는 것이다.

그런데 각자 매순간 자신을 통제하고 용기를 북돋우는 상업, 공업 등과 같은 공공생활에서는 아주 훌륭하게 해내는 일도 사생활에서는 잘되지 않는다. 사람들은 각자 감정에 기댄다. 잠을 자기 위해서라면 좋다. 하지만 가정家庭이라는 애매한 상황에서는 모든 것이 모가 나기 쉽다. 그래서 가장 선량한 사람들이 흔히 무서운 위선자들이 되는 것이다. 여기서 주목해야 할 것은, 운동선수가 의지의 힘으로 전신을 움직여 감정을 바꾸는 것과는 달리, 사람들은 감정을 숨길 목적으로 의지를 이용한다는 점이다. 불쾌감, 슬픔, 권태 등이 비나 바람처럼 어쩔 수 없는 사실이라는 생각은 선입견이자 그릇된 것이다. 요컨대 참다운 예의란 자기가 해야 할 의무를 느끼는 일이다. 사람은 존경, 신중성, 정의 등에 대해 의무를 지고 있다. 이 마지막 것, 즉 정의는 특히 생각해볼 가치가 있다. 정의롭게 된다는 것은, 최초의 충동이 무엇이든 간에, 도둑이 하는 행동은 아니다. 그것은 한 치의 위선도 없는 성실성 그 자체이다. 그렇다면 사랑에 대해서는 왜 그만한 성실성을 요구하지 않는가? 사랑은 자연적인 것이 아니다. 욕망도 또한 언제까지나 자연적인 것으로 머물러 있지 않는다. 참다운 감정은 만들어지는 것이다. 사람들은 짜증이 나거나 싫증이 나면 곧 그만하려고 카드놀이를 하는 것이 아니다. 그리고 되는 대로 아무렇게나 피아노를 치려는 사람도 없다. 음악은 모든 예 중에서 가장 좋은 예이다. 그도 그럴 것이 음악은 성악에서 조차도 의지로만 지탱될 뿐이며, 신학자들이 자주 말하듯, 신의 은총은 그 뒤에 오기 때문이다. 하지만 이 신학자들은 이렇게 말하면서 그들이 하는 말의 의미를 모르고 있다. (1913년 9월 10일)

37. 부부

로맹 롤랑은 그의 훌륭한 작품에서 이렇게 말하고 있다. 좋은 부부란 드물다. 거기에는 그만한 이유가 있다고 말이다. 나는 이런 지침에 따라 그의 작품에 등장하는 인물들과 특히 내가 만난 인물들을 고찰하면서, 자신도 그 이유를 잘 모르는 채 남녀 양성을 종종 적으로 만드는 뚜렷한 특징을 알게 됐다. 흔히 여성은 감정적이고 남성은 활동적이라고들 한다. 하지만 이런 사실이 증명된 적은 거의 없다.

감정적이라는 것은 다정하다는 것과는 다르다. 이 감정적이라는 말의 의미는 생각이 삶의 원천과 더 밀접하게 연결돼 있다는 것이다. 이와 같은 결합은 남녀를 불문하고 모든 병자에게서 관찰된다. 하지만 이 결합은 보통 여성에게서 더 자주 나타난다. 그것은 임신과 수유의 기능, 그리고 그것과 관계되는 여러 기능이 자연적으로 여성에게서 우위를 차지하기 때문이다. 그래서 여성의 기분은 변하기 쉬운데 그 원인은 자연적이다. 하지만 그 결과는 흔히 망상, 변덕, 고집 등과 같은 외양을 띠게 된다. 거기엔 아무런 위선이 없다. 기분의 변화를 참다운 원인을 통해 설명하려면 심오한 지혜, 그것도 실제로는 아주 드문 심오한 지혜가 필요하다. 왜냐하면 진정한 원인이라는 것은 우리의 동기까지도 변화시키기 때문이다. 조금 피로를 느껴 산책할 생각이 없어졌을 때도 집에 머물 여러 이유를 찾게 된다. 흔히 수치심은 진정한 원인을 감추려는 데서 생겨난다. 하지만 내 생각으로는 수치심이란 진정한 원인을 모르는 것이며, 육체에 대한 것을 영혼의 언어로 자연스럽게, 그리고 거의 필연적으로 대치하는 것이다. 사랑에 빠진 남자는 이와 같은 언어로 된 텍스트 앞에서는 바보가 된다.

남자는 행동 속에서 이해될 수 있다. 그의 고유한 기능은 사냥하거나, 건설하거나, 발명하거나, 시험해보는 그런 일이다. 이와 같은 길에서 멀어지게 되면 그는 권태를 느낀다. 하지만 늘 그것을 깨닫지는 못한다. 이렇게 해서 그는 하찮은 일을 하면서 계속 움직이게 된다. 하지만 그것을 감추려 하므로 사태가 더 악화된다. 남자에게는 정치 또는 사업이라는 자양분이 필요하다. 여자들은 본성에서 비롯된 이런 결과를 보통 위선으로 받아들인다. 발자크의 『젊은 두 아내의 수기』나 특히 톨스토이의 『안나 카레니나』에는 이와 같은 위기에 대한 심층적인 분석이 잘 나타나 있다.

이와 같은 병의 치유법은 사회생활 속에 있는 것으로 보인다. 사회생활은 그 병에 두 가지 방법으로 작용한다. 우선 가족과 밖에서의 친구들과의 교제에 의해서이다. 이것은 부부간에 예의를 갖춘 관계를 정립한다. 이런 관계는 기회만 되면 늘 밖으로 드러나는 감정의 모든 변덕을 감추기 위해 절대적으로 필요하다. 감추기 위한 것이라는 점을 잘 이해하기 바란다. 순간적인 기분은 그것을 드러내지 못하게 되자마자 당장 느껴지지 않는다. 그렇기 때문에 사랑하고 있는 한에서는 예의가 기분보다 더 진실한 감정이다. 그다음으로 사회생활은 인간을 바쁘게 하고 안일한 생활에서 멀어지게 한다. 안일하게 사는 것은 아무리 좋은 의지를 갖췄다 할지라도 결코 자연스러운 것이 못 된다. 너무 고립된 채 오직 사랑만으로 살아가는 부부가 위기에 빠지는 것은 그 때문이다. 그런 부부의 생활은 바닥에 짐이 없어서 너무 가벼운, 따라서 파도에 쉽게 흔들리는 작은 배와도 같은 것이다. 여기에서는 반성을 통한 지혜도 별 도움이 되지 않는다. 감정을 구해내는 것은 바로 제도이다. (1912년 12월 14일)

38. 권태

남자는 뭔가를 만들거나 부술 일이 없을 때면 매우 불행하다. 바느질이나 아기 돌보기에 바쁜 여자들은 어쩌면 남자들이 왜 다방에 가거나 카드놀이를 하는지 잘 이해하지 못할 것이다. 그런데 남자에게는 자기 자신을 보며 시간을 보낸다거나 자신에 대해 숙고하는 것은 아무런 가치도 없다.

괴테의 작품 『빌헬름 마이스터』를 보면 '체념의 모임'이 있다. 이 모임의 회원들은 절대로 과거나 미래에 대해 생각해서는 안 된다. 지킬 수만 있다면 이것은 아주 훌륭한 규칙이다. 하지만 이 규칙을 지키려면 손과 눈을 바쁘게 놀려야만 한다. 지각하고 행동하는 것이 진짜 치유법이다. 이와는 반대로 한가해서 손가락이나 주무르고 있다 보면 곧 두려움이나 회한 속에 빠지게 된다. 생각한다는 것은 항상 건전하다고만 할 수 없는 일종의 유희이다. 보통 생각은 빙빙 돌기만 하지 앞으로 나아가질 못한다. 이런 이유로 위대한 장 자크 루소는 이렇게 썼다. "생각만 하고 있는 인간은 타락한 동물이다."

필요라는 것이 우리를 거의 언제나 그 곳, 생각이 빙빙 도는 장소에서 끌어낸다. 우리 모두에게는 해야 할 일이 있다. 이것은 아주 좋은 것이다. 남자들에게 부족한 것은 타인으로부터 숨을 돌릴 수 있는 사소한 일이다. 나는 여자들이 뜨개질이나 수놓는 것을 종종 부러워했다. 그녀들의 눈은 언제나 그 무엇인가를 쫓고 있다. 그래서 과거나 미래의 이미지는 번개처럼 번쩍하고 나타날 뿐이다. 그런데 한가로이 시간을 보내는 모임에서 남자들이 할 일은 아무것도 없다. 그러니 병 속의 파리떼처럼 투덜거릴 수밖에.

　내 생각으로는 병病만 아니라면 불면의 시간이라도 그다지 두려울 것이 없다. 왜냐하면 그때는 다만 상상력이 너무 자유로워 생각할 수 있는 실질적인 대상이 없을 뿐이기 때문이다. 한 남자가 10시에 잠자리에 들어 12시까지 수면의 신에게 도움을 청하며 잉어처럼 엎치락뒤치락한다. 바로 그 사람이 같은 시간에 극장에 있다면 그는 자기의 존재를 완전히 잊어버리게 될 것이다.

　이런 생각을 하면 부자들의 생활을 충족시키는 여러 가지 일들을 이해하는 데 도움이 된다. 그들은 수많은 의무나 일들을 스스로 만들어내고 마치 불이라도 난 것처럼 바삐 움직인다. 하루에 열 번 이상 사람을 방문하고, 연주회와 극장을 쏘다닌다. 좀 더 혈기 왕성한 자들은 사냥이나 전쟁이나 위험한 여행으로 뛰어들기도 한다. 또 다른 자들은 자동차로 드라이브를 하는가 하면, 비행기를 타고 뼈가 부러지기를 초조하게 기다리기도 한다. 그들에게 필요한 것은 새로운 활동과 새로운 지각이다. 그들이 바라는 것은 인간 세계에서 살아가는 일이지 자기 내부를 살피는 일이 아니다. 마치 코끼리의 조상으로 알려진 거대한 마스토돈이 숲을 먹어 치우듯이 그들은 눈으로 세계를 먹어 치운다. 가장 단순한 자들은 코와 배를 주먹으로 강하게 얻어맞는 놀이를 한다. 그렇게 해서 그들은 현재로 오게 된다. 그러면서 아주 행복해한다. 어쩌면 전쟁은 권태에 대한 첫 번째 치유법일 것이다. 따라서 이런 설명이 가능할 것이다. 전쟁을 적극 바란다고는 할 수 없지만, 그래도 전쟁이 일어나면 바로 참전할 태세가 돼 있는 자들은 흔히 잃을 것을 가장 많이 가진 자들이라고 말이다. 죽는다는 공포는 한가한 자의 생각이다. 아무리 위험하다 할지라도 이 공포는 행동과 동시에 사라지게 된다. 전투는 분명 사람이 죽음에 대해 가장 적게 생각하는 상황 중 하나이다. 거기에서 다음과 같은 역설이 나온다. 삶이란 충실하게 채우면 채울수록 잃어버릴 수 있다는 공포는 줄어든다는 역설이 그것이다. (1909년 1월 29일)

39. 속도

나는 서부 지방에서 새 기관차를 보았다. 새 기관차는 다른 것보다 더 길고 더 높고 모양도 더 간단했다. 바퀴는 시계의 톱니바퀴처럼 잘 맞물려 있었다. 이 기관차는 거의 소음 없이 달렸다. 차체의 모든 부분이 유용하며 한 가지 목적을 지향하고 있다는 느낌을 받았다. 증기는 불에서 얻은 에너지를 모두 피스

톤을 작동시키는데 사용된 후에야 비로소 밖으로 빠져나갔다. 나는 원활한 출발, 규칙적인 속도, 흔들림 없이 작용하는 압력, 그리고 1분에 2킬로미터를 미끄러지듯이 달리는 육중한 열차를 상상한다. 석탄을 엄청나게 때야 움직이는 거대한 기관차를.

이 기관차에서 볼 수 있는 것은 과학, 대규모의 계획과 시험, 수많은 망치질과 줄질이다. 대체 이는 무엇을 위한 것인가? 아마도 파리와 르 아브르 사이의 여행 시간을 15분 정도 단축하기 위해서일 것이다. 그런데 행복한 여행자들은 이렇게 비싼 대가를 치르고 얻은 15분으로 무엇을 할 것인가? 열차 시간을 기다리면서 플랫폼에서 그 시간을 보내는 사람도 많을 것이다. 또 그 15분 동안 카페에 더 머물면서 신문의 광고까지 읽는 사람들도 있을 것이다. 그렇다면 어디에 그 이익이 있는가? 그 이익은 누구를 위한 것인가?

기묘한 일은, 기차가 더 느리게 가면 지루해할 여행자가 출발 전이나 도착 후에 이 기차가 다른 기차보다 15분 더 빨리 달린다는 것을 설명하느라 15분을 소비한다는 점이다. 누구나 적어도 하루에 15분 정도는 이 새로운 기관차의 위력에 관해 얘기한다든지, 카드놀이를 한다든지 또는 몽상하면서 보낸다. 그런데 왜 이 시간을 기차 안에서는 허비하지 못하는가?

기차 안 보다 더 좋은 곳은 없다. 내가 말하는 것은 급행열차이다. 급행열차에 앉아 있으면 안락의자에 앉아 있는 것보다 더 편하다. 넓은 창을 통해서 강, 계곡, 언덕, 마을, 도시 등이 지나가는 것을 볼 수 있다. 또 산허리에 난 길, 그 길 위를 달리는 자동차, 강에 있는 배 등을 눈으로 뒤쫓을 수 있다. 때로는 밀밭이나 호밀밭, 때로는 사탕무밭과 제당소, 그리고 아름다운 숲, 목장, 소, 말 등과 같은 나라의 모든 부富가 눈앞에서 펼쳐진다. 산허리의 절단면은 지층의 단면을 보여준다. 이것은 아주 멋진 지리 화보다. 책장 넘기는 수고를 하지 않아도 볼 수 있으며, 계절과 날씨에 따라 매일 바뀌는 화보인 것이다. 언덕 너머 저편에 폭우가 쏟아지려 하고 건초를 실은 마차가 도로를 따라 서둘러 가는 광경을 볼 수 있다. 다른 날에는 추수꾼들이 황금빛 먼지 속에서 일하는 광경과 공기가 빛을 받아 떨고 있는 장면도 볼 수 있다. 거기에 비견될 만한 경치가 어디 있는가?

그런데 여행자는 신문을 읽고, 인쇄가 나쁜 사진을 보려고 애쓰고, 시계를 보기도 하고, 하품도 하고, 여행 가방을 열었다 닫았다 한다. 기차가 도착하자마자 마차를 불러 마치 집에 불이라도 난 것처럼 달려간다. 밤이 되면 당신은 그 사람을 극장에서 보게 될 것이다. 그는 종이에 그려 붙인 무대장치의 나무들, 가짜 추수 장면, 가짜 종탑 등을 보고 감탄할 것이다. 가짜 추수꾼들은 그에게 고함 같은 노래를 들려줄 것이다. 그러면 그는 좌석이라는 일종의 감옥에 갇힌 채 까진 무릎을 문지르면서 이렇게 말할 것이다. "추수꾼들의 노래가 틀렸어. 하지만 무대장치는 괜찮군." (1908년 7월 2일)

40. 도박

어떤 사람이 이렇게 말하곤 했다. "나는 혼자 살면서 욕망이나 걱정이나 모든 것을 자기 재산의 힘으로 해결하는 사람을 불쌍하게 생각한다. 그 사람이 나이를 먹거나 병에라도 걸리면 정말 불쌍해진다. 왜냐하면 그는 자기 자신만을 지나치게 생각할 것이기 때문이다. 항상 걱정거리가 있고, 또 빚에서 헤어나지 못하는 가난한 가장이라도 보기보다는 행복한 법이다. 자신의 소화 기능에 대해 생각해볼 여유가 없기 때문이다." 빚이 좀 있다 해도 걱정을 하지 말아야 한다는 이유가 이것이다.

중용의 삶, 평온하고도 안정된 삶을 영위하라는 충고이긴 하나, 그런 삶을 지속하려면 상당한 지혜가 있어야 한다는 것을 잘 말해주었다고 할 수는 없다. 재산이나 명예를 가볍게 여기기는 아주 쉽다. 정말 어려운 일은, 일단 그런 것들을 가볍게 여겼다면 그 때문에 삶을 무료하게 만들지 않는 것이다. 야심가들은 좀처럼 보기 드문 행복을 찾아낼 수 있을 것이라 믿고 계속 무엇인가의 뒤를 쫓기에 바쁘다. 하지만 그가 누리는 최고의 행복은 그저 몹시 바쁘다는 것 그 자체이다. 그리고 무엇인가에 실망해서 불행할 때조차도 그는 그 불행 때문에 오히려 행복하다. 그것은 그가 치유법을 생각하기 때문이다. 그의 불행에 대한 진짜 치유법은 그가 이 치유법을 생각한다는 데 있다. 지도상의 큰 나라처럼 아주 뚜렷하게 우리 밖에 넓게 펼쳐져 있는 필연성은, 우리 내부의 저 깊은 곳에서 느껴지는 뒤틀린 필연성보다 늘 더 가치 있다.

도박에 대한 정열은 모험욕을 아무런 꾸밈없이 적나라하게 보여준다. 그도 그럴 것이 도박꾼은 결코 안전하지 못하기 때문이다. 어찌 보면 이 점에 흥미를 느끼는 것 같다. 그래서 진짜 도박꾼은 주의력, 신중함, 솜씨 등이 크게 영향을 주는 도박은 그리 좋아하지는 않는다. 오히려 룰렛과 같이 그냥 기다리면서 모험을 거는 도박에 더 열중한다. 어떤 의미에서 보면 이것은 자진해서 파국을 구하는 일이다. "내가 하고 싶어 했지만, 다음 판에 나는 파산하고 말 거야."라고 매 순간 생각하기 때문이다. 이는 아주 위험한 탐험 여행을 하는 것과도 같다. 단지 차이가 있다면, 마음먹기에 따라서는 도박을 하다가도 안전하게 집으로 돌아갈 수 있다는 점이다. 하지만 이것이 운에 맡기는 도박의 매력을 설명해주는지도 모르겠다. 도박에서는 그 어떤 것도 강요하지 않으며, 그저 자기가 하고 싶을 때만 모험을 걸기 때문이다. 이와 같은 힘이 바로 매력이다.

분명 전쟁에는 도박적인 데가 있다. 전쟁을 일으키는 요인은 권태이다. 일도 걱정거리도 제일 적게 가진 사람이 항상 가장 호전적이라는 것이 그 증거이다. 이런 원인을 잘 파악하면 미사여구에 그다지 현혹되지 않을 것이다. 부자인데다 한가한 사람이 다음과 같이 말한다면 아주 강해 보일 것이다. "산다는 것은 내게 쉬운 일이다. 그런 내가 이렇게 직접 위험을 무릅쓰고, 진심으로 이런 무서운 위험에 호소한다면, 거기엔 무엇인가 피치 못할 이유나 모종의 필연성이 있는 것이다." 하지만 그렇지가 않다. 그는 무료함에 사로잡힌 사람에 불과하다. 그가 아침부터 저녁까지 일했다면 그토록 무료하지는 않았을 것이다. 이처럼 부富의 불공평한 분배에는 무엇보다도 잘 사는 많은 사람을 무료하게 한다는 불합리함이 수반된다. 무료하므로 그들은 걱정하고 화를 내게 된다. 그리고 이와 같은 사치스러운 감정은 가난한 사람들에게는 가장 무거운 짐이기도 하다. (1913년 11월 1일)

41. 희망

불이 나면 나는 곧장 보험을 생각하게 된다. 이 보험이라는 여신은 운명의 여신만큼 사랑받지는 못한다. 사람들은 보험이란 여신을 두려워한다. 사람들은 마지못해 보잘것없는 제물을 바친다. 그리고 이것은 이해하기 어려운 일도 아니다. 보험의 혜택은 불행과 동시에 주어지기 때문이다. 분명 제일 좋은 것은 자기 집에 불이 나지 않는 것이다. 하지만 그것은 손이나 발이 있는 것처럼 당연한 일이이어서 특별히 좋은 일로 여겨지지 않는다. 이와 같은 소극적인 행복에 대해 돈을 지불하는 것은 쓸데없는 낭비처럼 보인다. 보험료를 기꺼이 지불하는 것은 대기업뿐이다. 대기업은 무슨 일을 해도 수지맞기 때문이다. 하지만 나는 하루가 다 가도록 그날의 손익을 모르는 대기업주들을 불쌍하게 여긴다. 그들의 진짜 기쁨은 수많은 고용인에게 행사하는 권력에서 오는 것이다.

희망은 크지만 그걸 실현할 뾰족한 수단이 없는 자들은 보험을 좋아할 수가 없다. 파산할 것을 전제로 보험에 드는 상인을 상상할 수 있을까? 초과 이윤을 모두 공동으로 적립한다면 그보다 더 간단한 일은 없을 것이다. 이렇게 하면 보험에 가입한 상점들 모두 그럭저럭 번창하게 될 것이다. 여기에 가입한 상인들은 고정 급여와 연금이 보장된 공무원과 같아질 것이다. 원한 다면 의료 혜택이나 요양소도 보장될 것이다. 신혼여행과 몇 차례의 위로 여행도 보장될 것이다. 아주 현명한 생각이다. 이론적으로는 대단히 훌륭하다. 하지만 이처럼 물질적인 생활이 보장됐다고 하더라도, 모든 행복은 만들어야 한다는 사실을 잊어서는 안 될 것이다. 자기 마음속에 재산을 지니지 못한 사람은 권태가 노리는 대상이 되었다가 마침내는 붙잡히고 만다.

옛사람들이 눈먼 행운이라고 부르던 복권福券이라는 여신은 훨씬 더 친밀하게 숭상된다. 거기에는 큰 희망이 있다. 그 대신 뜻대로 안 될지도 모른다는 걱정이 따르지만, 그건 아무것도 아니다. 만일 모든 보험을 취급하는 사무실을 상상해본다면 그 사무실 문에는 다음과 같이 씌어 있어야 할 것이다. "이곳에 들어오는 사람은 모든 희망을 버려라." 이와는 달리 희망을 팔고 사는 상인들은 유리한 조건에 있다. 희망은 본래 허영심과 같은 야심에서만 생기는 것이 아니다. 오히려 희망은 항상 행동에 앞서고, 또 모든 직업의 광명이자 기쁨인 지칠 줄 모르는 창의적 발상에서 생기는 것이다. 페레데에게는 우유단지가 휴식을 의미하는 것이 아니라 일을 의미한다. 송아지, 암소, 돼지, 돼지 새끼, 모두 돌보아야 하니 말이다. 누구든 매일 매일의 자기 일에서 몸을 던지고 싶은 다른 것을 발견한다. 희망은 장벽을 무너

뜨리고, 잡초와 가시덤불 대신 잘 정돈된 야채나 꽃을 식별한다. 보험은 사람을 가두어버린다.

도박에 대한 열의는 한 번 고찰해볼 만하다. 도박에서 인간은 적나라한 우연, 바라고 창조해낸 우연과 한 판 싸움을 벌인다. 도박의 위험에 대해서는 무상의 보험이 있다. 도박하지 않으면 된다. 하지만 대부분의 한가한 사람들은 기대와 불안이라는 분리될 수 없는 쌍둥이 자매를 존중하며 카드나 주사위 놀이에 달려든다. 그리고 사람은 솜씨가 좋아서 따는 돈보다는 요행수로 따는 돈을 더 자랑스럽게 여길 것이다. 이것은 '축하한다'는 말의 뜻으로 설명된다. 왜냐하면 축하한다는 말은 공적을 칭찬하는 말이 아니라 본래 성공을 칭찬하는 말이기 때문이다. 이것은 신들의 은총이라는 고대 관념으로, 신들보다 더 오래된 것이다. 만일 인간이 이런 존재가 아니었다면 평등의 정의가 오래전부터 지배하고 있었을 것이다. 왜냐하면 그런 일은 어렵지 않기 때문이다. 하지만 인간은 어렵지 않은 것을 좋아하지 않는다. 카이사르는 만인의 야심을 이용해 다스렸다. 그는 우리 희망의 제왕이다. (1921년 10월 3일)

42. 행동

달리기 선수들은 고생을 많이 한다. 모든 구기 선수들도 그렇다. 모든 권투 선수들도 또한 그렇다. 책에는 인간이란 즐거움을 추구하는 동물이라고 씌어 있다. 하지만 반드시 그런 것만은 아니다. 오히려 어떤 사람들은 고통을 구하고 또 고통을 사랑하는 것처럼 보인다. 늙은 디오게네스도 이렇게 말한 바 있다. "제일 좋은 것은 고통이다." 이 점에 대해 사람은 모두 손수 찾는 고통 속에서 즐거움을 발견한다고 말할 수도 있다. 하지만 그것은 말장난에 불과하다. 즐거움이 아니라 행복이라고 말해야 할 것이다. 그리고 이 둘은 예속과 자유가 다르듯이 전혀 다른 것이다.

사람들은 행동하기를 바라지 참고 견디는 것을 원하지 않는다. 스스로 사서 고생하는 사람들도 아마 강요된 일은 좋아하지 않을 것이다. 강제노동을 좋아하는 사람은 없다. 누구나 자기에게 닥치는 불행을 좋아하지 않는다. 누구나 궁핍을 좋아하지 않는다. 하지만 스스로 자유로이 고생하는 사람은 그것에 만족한다. 나는 이 글을 쓰고 있다. 글을 써서 먹고사는 작가라면 "고생이 심하군."하고 말할 것이다. 하지만 그 누구도 나에게 강요하지 않는다. 그리고 내가 자진해서 하는 이 일은 즐거움이다. 더 정확하게 말하자면 행복이다. 권투 선수도 그냥 얻어맞는 매는 좋아하지 않는다. 하지만 그는 자진해서 맞는 매는 좋아한다. 싸움의 승패가 우리에게 달려 있다면 힘들여 얻은 승리만큼 기분 좋은 것은 없다. 결국, 사람들은 힘을 좋아할 따름이다. 헤라클레스는 괴물을 찾아내 처치함으로써 자기의 힘을 자신에게 입증했다. 하지만 사랑에 빠지자마자 그는 자신의 예속과 쾌락의 힘을 느꼈다. 모든 사람이 다 그렇다. 그래서 쾌락은 사람을 슬프게 만드는 것이다.

구두쇠는 많은 쾌락을 스스로 금한다. 그리고 제일 먼저 쾌락을 이겨내고 부를 축적함으로써 강한 행복을 느끼게 된다. 하지만 그는 자신에게 의무를 부과한다. 유산으로 부자가 된 사람이 구두쇠라면 그는 서글픈 구두쇠이다. 행복이란 본질적으로 시詩이기 때문이고, 시는 행동을 의미하기 때문이다. 사람은 그냥 주어지는 행복을 결코 좋아하지 않는다. 사람은 행복을 직접 만들고 싶어 한다. 어린아이는 우리가 만든 정원을 우습게 여기며, 모래 동산과 밀짚으로 직접 훌륭한 정원을 만든다. 자기 스스로 수집하지 않은 수집가를 상상할 수 있겠는가?

전쟁의 흥미는 전쟁하는 일이라고 나는 확신한다. 무장하자마자 각자에게는 확고한 자유가 생긴다. 그리고 병사들에게 전투를 강요하는 사령부를 비웃을 수 있다. 하지만 자신들의 자유를 느끼자마자 병사들은 당장 새로운 생활 속으로 들어가, 흥미를 맛본다. 죽음을 두려워하는 것, 그것은 항상 필요하다. 그리고 죽음을 기다리고 마침내 그것을 감수하는 일도 필요하다. 하지만 죽음을 앞지르는 자, 전쟁터에서 이를테면 죽음을 부르는 자는 자기 자신을 죽음보다 더 강하다고 느낀다. 병사에게는 죽음을 기다리는 것보다 죽음을 구하러 가기가 더 쉽다는 것은 잘 알려진 사실이다. 그리고 사람은 시간이 가져다주는 운명보다 자기가 손수 만드는 운명을 더 사랑하는 법이다. 그래서 전쟁 속에는 시가 있고, 그 때문에 인해 적마저 미워하지 않게 되는 것이다. 전쟁과 모든 정념을 이해하게 하는 것은 바로 이 자유에의 도취이다. 전염병은 강제로 주어지지만, 전쟁은 도박처럼 만들어내는 것이다. 그러므로 나는 신중함만으로는 완전한 평화를 보장할 수 없다고 생각한다. 평화가 유지되는 것은 정의에 대한 사랑에 의해서이다. 그 이유는 정의를 실천하기가 다리나 터널을 건설하기보다 더 어렵기 때문이다. 평화가 있다면 바로 그 때문이다. 오직 그 때문이다. (1911년 4월 3일)

43. 행동하는 사람

내 취향으로 보자면 경찰 국장이 가장 행복한 사람이다. 왜 그런가? 그는 늘 행동하기 때문이다. 그것도 언제나 새롭고 예측할 수 없는 상황에서 행동하기 때문이다. 화재, 수해, 낙반 사고, 압사 등에 대비해 행동한다. 또한 진흙탕, 먼지, 병, 가난 등에 맞서 행동하기도 하고, 종종 사람들의 분노와 열광을 진압해야 하기도 한다. 이처럼 행복한 이 사람은 그의 삶의 매 순간 결단력 있는 행동을 요구하는 결정적인 문제에 직면하게 된다. 따라서 거기에는 일반적인 규칙이 없다. 서류도 필요 없다. 행정 보고의 형식을 취하는 비난이나 위로도 없다. 그는 그런 일을 사무직원들에게 일임한다. 경찰 국장 자신은 지각과 행동 그 자체이다. 그런데 지각과 행동이라는 이 두 개의 수문이 열리게 되면 생명의 강물은 사람의 마음을 깃털처럼 가볍게 운반한다.

바로 거기에 놀이의 비밀이 있다. 카드놀이를 하는 것은 생명을 지각에서 행동으로 흐르게 하는 것이다. 축구를 하는 것은 더욱 좋은 예이다. 예측할 수 없는 새로운 여건을 바탕으로 재빨리 어떤 행동을 마음속에 그리고 또 그것을 당장 행한다. 그렇게 함으로써 인생은 더할 나위 없이 충족된다. 그 이상 무엇을 원하는가? 무엇을 염려하는가? 시간은 미련을 먹어치운다. 사람들은 흔히 도둑이나 강도의 정신생활은 어떤 것일까 하고 자문해 본다. 나는 그들에게는 그런 것이 없다고 생각한다. 항상 노리고 있거나 아니면 잠을 자기 때문이다. 그들의 모든 예측 능력은 자신들의 발밑과 손끝을 살피는 것이다. 이런 이유로 벌을 받는다는 생각이나 그 밖의 다른 생각도 그들에겐 전혀 일어나지 않는다. 이 눈멀고 귀먹은 기계는 무섭다. 하지만 모든 인간의 행동은 의식을 지워버리게 마련이다. 이런 인정사정없는 격렬함은 나무꾼의 도끼질에서도 볼 수 있다. 이런 행동은 정치인들의 행보에서는 뚜렷하게 나타나지 않지만 그래도 과시할 때는 흔히 보게 된다. 그들이 마치 도끼처럼 억세고 둔감한 인간이라 해도 그다지 놀랄 일이 아니다. 그가 자신에게도 너그럽지 않다는 것을 알게 되면 말이다. 권력자에게는 동정심이란 것이 전혀 없다. 자신에 대한 동정심 역시 없다.

그러면 전쟁은 왜 하는가? 전쟁할 때 사람이 행동에 푹 빠지기 때문이다. 사람의 생각이란 출발 후에는 어두워지는 전차 안의 전등과도 같은 것이다. 이는 깊은 생각을 말하는 것이다. 바로 거기에서 행동의 무서운 힘이 나온다. 이 힘은 마음의 등불을 꺼버리기 때문에 제멋대로 자기를 정당화한다. 그 때문에 우울증, 염세관, 음모, 위선, 원한, 공상적인 사랑, 세련된 악덕 등과 같은 반성으로 자란 모든 비천한 정념들이 사라지게 된다. 그런데 행동의 흐름 속에서 정의 역시 사라져 버리게 마련이다. 경찰 국장은 수해나 화재에 대항해 싸우는 것과 같은 방법으로 폭동과도 싸운다. 폭도도 역시 자기 등불을 꺼버린다. 야만적인 어둠이 있을 뿐이다. 그러므로 사람을 마구 몰아붙이는 고문관도 있고, 또 자백을 듣는 재판관도 있는 것이다. 같은 이유로 의자에 묶인 채 노를 저으며 고통스러워하고 거기에서 죽어가는 갤리선의 죄수들도 있고, 그들에게 채찍질하는 자들도 있다. 채찍질하던 자들은 그들의 채찍밖에 생각하지 않는다. 일단 야만 상태가 발생하게 되면 그 뒤로 계속 이어지게 된다. 경찰 국장은 가장 행복한 사람이다. 나는 그가 가장 유익한 사람이라고는 말하지 않을 것이다. 무위도식은 모든 악덕의 어머니임과 동시에 모든 미덕의 어머니이기도 하다. (1910년 2월 21일)

44. 디오게네스

인간은 오직 의욕을 가지고 창조할 때만 행복할 수 있을 뿐이다. 이 점은 카드놀이에서도 잘 드러난다. 카드놀이에 빠진 사람들의 얼굴을 보면 자기가 숙고를 하고 결단을 내릴 수 있다는 것을 알고 있는 것이 분명하다. 좋은 패를 든 카이사르들도 매 순간 루비콘 강을 건너간다. 완전히 운에 달린 도박에서도 도박꾼들은 위험을 무릅쓸 것인지 아닌지를 결정할 수 있는 전적인 권한을 가지고 있다. 아무리 위험해도 감행할 때가 있고, 아무리 이길 가능성이 있어도 포기할 때가 있다. 그는 자기 자신을 다스리는 것이다. 자기를 지배하는 것이다. 평상시에는 귀찮은 조언자인 욕망이나 두려움도 여기에서는 조언을 해주지 않는다. 예측 가능성이 없는 상태에 있기 때문이다. 그래서 자부심이 강한 자들이 도박을 즐기는 것이다. 욕망이나 두려움에 복종하는 사람들은 바카라 놀이의 즐거움을 알지 못한다. 하지만 그들도 시험 삼아 한번 해보면 적어도 잠깐은 힘에 도취되는 맛을 느낄 수 있을 것이다.

어떤 직업이든 자기가 지배하면 유쾌하고, 복종하면 불쾌하다. 전차 운전사는 버스 운전사에 비하면 덜 행복하다. 마음대로 혼자 하는 사냥은 아주 즐겁다. 왜냐하면 이 사냥꾼은 손수 계획을 세우고, 그것에 대해 보고하거나 변명할 필요가 없기 때문이다. 이에 비한다면 몰이꾼들 앞에서 짐승을 때려잡는 즐거움은 아무것도 아니다. 하지만 명사수가 감동이나 놀라움을 이기고 이와 같은 힘을 즐기는 때도 있다. 그러므로 인간이 항상 쾌락을 추구하고 고통을 피한다고 말하는 것은 잘못이다. 인간은 주어진 쾌락을 따분하게 여기지만, 직접 얻은 쾌락을 훨씬 더 좋아한다. 그는 무엇보다도 행동하고 정복하는 일을 좋아하는 것이다. 괴롭힘을 당하거나 참고 견디는 일을 좋아하지 않는다. 이처럼 그는 행동이 없는 즐거움보다는 오히려 행동이 요구되는 고통을 선택한다. 역설가인 디오게네스는 고통이 쾌락보다 낫다고 즐겨 말했다. 물론 그가 말한 고통은 직접 선택하고 또 희망한 고통을 의미한다. 그 누구도 자기에게 주어진 고통은 좋아하지 않기 때문이다.

등산가는 자기의 힘을 발휘하며, 그것을 자신에게 입증한다. 그는 그 힘을 느낌과 동시에 생각한다. 이와 같은 고차원적인 즐거움이 설경을 더 아름답게 해주는 것이다. 하지만 유명한 산의 정상까지 전차를 타고 올라온 사람은 같은 태양을 보고도 느끼는 즐거움이 같지 않다. 그러므로 쾌락에 대한 예상이 우리를 기만한다는 것은 사실이다. 게다가 기만에는 두 가지 종류가 있다. 행동하는 즐거움은 반드시 약속한 것 이상을 보상해주는 반면, 주어진 즐거움은 약속한 즐거움을 보상해주지 않는 것이 그것이다. 운동선수는 상을 타려고 열심히 훈련한다. 하지만 그는 실력을 배가시키고 어려움을 극복함으로써 자기 내부에 있고 또 자기에게 달려 있는 또 다른 보상을 받게 되는 것이다. 이것은 게으름뱅이가 결코 상상할 수 없는 일이다. 게으름뱅이는 고통과 다른 보상밖에 보지 못하기 때문이다. 그는 이 두 가지를 비교해보지만, 결코 결정을 내리지 못한다. 하지만 운동선수는 벌써 어제의 훈련에 자극되어 일어나서 훈련을 시작하고 곧장 자기의 의지와 힘을 즐긴다. 이렇게 해서 훈련 이외의 다른 즐거움이 없게 된다. 하지만 게으름뱅이는 이런 것을 모른다. 알수가 없다. 남의 말을 듣거나 추억을 통해서 그것을 알게 되는 예도 있긴 하다. 그렇다고 해도 그는 그것을 믿지 않는다. 그러므로 쾌락에 대한 계산은 항상 틀리게 되며, 권태가 오는 것이다. 생각하는 동물이 따분해지면 곧 짜증을 내게 된다. 그래도 내가 보기에는 주인이 되는 따분함이 노예가 되는 따분함보다는 덜 고통스럽다. 그도 그럴 것이 행동이란 그것이 아무리 단조롭다 하더라도 언제나 지배하고 만들어낼 것이 조금은 남아 있기 때문이다. 이와 반대로 이미 완성된 즐거움을 받는 자는 가장 심술궂다. 이렇게 해서 부자는 언짢은 기분과 울적한 마음으로 다스리게 된다. 노동자의 약점은 그 자신이 바라는 것 이상으로 만족하는데서 온다. 결국 그가 짓궂은 인간을 만드는 것이다. (1922년 11월 24일)

45. 이기주의자

오귀스트 콩트의 지적처럼, 서구의 여러 종교가 저지르는 오류 중 하나는 분명 인간은 이기적이어서 신의 도움 없이는 구원받을 길이 없다고 가르친다는 사실이다. 이와 같은 생각은 모든 면에 나쁜 영향을 주었고, 희생정신에까지도 좋지 않은 영향을 미쳤다. 그 결과 가장 보편적이고 가장 자유로운 정신을 가진 사람들 사이에서도 다음과 같은 기이한 주장이 나타나게 되었다. 희생하는 사람도 자기 자신의 쾌락을 추구하고 있다는 것이 그것이다. "어떤 사람은 전쟁을 좋아한다. 또 어떤 사람은 정의를 좋아한다. 하지만 나는 술을 좋아한다." 심지어 무정부주의자조차도 신학자이다. 반항은 굴욕에 대한 응수이다. 이 모두가 같은 통에서 나온 것이다.

사실 인간은 일반적으로 쾌락보다 행동을 좋아한다고 생각해야 한다. 이것은 젊은이들의 경기를 보아도 알 수 있다. 공놀이란 밀치기, 주먹질, 발길질, 결국에는 시커멓게 든 멍과 물수건 찜질이 아니라면 무엇이란 말인가? 그러면서도 그들은 이 모든 것을 열렬히 바라고 있고 또 추억 속에 간직하게 된다. 그걸 생각만 해도 가슴이 설렌다. 다리는 벌써 앞으로 달려 나가려고 한다. 그리고 그 고매함은 타박상, 고통, 피로를 무시할 정도로 우리를 즐겁게 한다. 전쟁도 한 번 생각해볼 만한 가치가 있다. 전쟁은 잔혹성보다도 고매함을 더 많이 보여준다. 전쟁에서 특히 추한 것은 전쟁을 준비하는 예속 상태와 전쟁 뒤에 오는 예속 상태다. 요컨대 전쟁으로 인한 혼란은 가장 착한 사람들은 죽어가고, 가장 간사한 자들은 정의에 반하여 통치의 기회를 갖게 된다는 점이다. 하지만 이 경우에도 본능적인 판단력은 방향을 잃게 된다. 데룰레드와 같은 착한 사람들은 남에게 속으면서도 즐거움을 발견했다.

이 모든 사안은 한 번쯤 고려해볼 만하다. 이기주의자들은 헛되이 비웃는다. 그는 고매한 감정을 쾌락과 고통의 계산에 복종시키려 하기 때문이다. "명예를 사랑하다니, 당신은 참으로 바보로군. 게다가 남들을 위해서라니!" 이렇게 말한 장본인은 가톨릭의 천재 파스칼, 바로 그 파스칼이다. 하지만 이 말에는 외관상의 심오함만이 있을 뿐이다. 파스칼은 또한 이렇게 말했다. "사람들이 입에 올려만 준다면 우리는 기꺼이 목숨을 버릴 것이다." 남이 주었다면 쳐다보지도 않았을 그런 토끼 한 마리를 잡기 위해 갖은 고생을 사서 하는 사냥꾼을 비웃은 것도 바로 파스칼이었다. 인간은 쾌락보다 행동을, 다른 어떤 행동보다 규율 있고 절제 있는 행동을, 그리고 무엇보다도 정의를 위한 행동을 사랑한다는 사실을 감추기 위해서는 대단히 강한 신학적 편견

이 필요하다. 행동에서 거대한 즐거움이 나온다는 것은 사실이다. 하지만 행동이 즐거움을 향해 달려간다고 생각하는 것은 잘못이다. 왜냐하면 즐거움에는 행동이 동반되기 때문이다. 사랑의 즐거움은 쾌락에 대한 사랑을 잊게 한다. 개나 말에게 신으로 군림하는 이 대지의 아들인 인간은 이렇게 만들어진 것이다.

이와는 반대로 이기주의자는 그릇된 판단으로 운명에 대한 의무를 소홀히 한다. 그는 엄청난 쾌락을 얻을 수 있다고 확신하지 않으면 손가락 하나 까딱하지 않는다. 하지만 이런 계산속에서 참된 쾌락은 잊힌다. 그도 그럴 것이 참된 쾌락은 언제나 먼저 고통을 요구하기 때문이다. 그러므로 신중하게 계산해 보면 항상 고통이 승리를 거두게 마련이다. 불안은 언제나 희망보다 강하다. 결국, 이기주의자는 질병, 노화, 피할 수 없는 죽음을 생각하게 된다. 그의 절망은 그가 자신을 잘못 이해했음을 보여주는 것이다. (1913년 2월 5일)

46. 왕은 무료하다

살아가면서 조금 고생을 하고 또 너무 평탄한 길을 가지 않는 편이 나을 수도 있다. 나는 뭐든 자기 마음대로 할 수 있는 왕을 불쌍히 여긴다. 그리고 만일 신들이 어딘가에 있다면 그들은 어느 정도 신경쇠약에 걸려 있을 것이다. 과거에는 신들도 나그네 행색으로 남의 집 문을 두드리며 다녔다고 한다. 신들도 틀림없이 굶주림, 갈증 또는 사랑의 정념을 겪으면서 약간의 행복을 맛보았을 것이다. 다만 신들이 자신들의 힘을 조금이라도 생각했다면 이렇게 생각했을 것이다. 모든 것은 다 유희에 불과하고, 마음만 먹으면 시간과 거리를 없애버리고 욕망을 사라지게 할 수도 있을 것이라고 말이다. 요컨대 신들은 무료했던 것이다. 그 이후로 신들은 목을 매든가 자살을 해야 했을 것이다. 그것도 아니면 잠자는 숲 속의 미녀들처럼 잠을 잤을 것이다. 행복은 언젠가는 우리를 각성시켜주는 모종의 불안, 정념, 고통을 전제로 한다.

일반적으로 실질적 재물보다는 상상을 통해 더 많은 행복을 느낀다. 실질적 재물에서 행복을 느끼면 그게 전부인 줄 알고 그대로 주저앉아 버리기 때문이다. 재물에는 두 종류가 있다. 주저앉게 하는 재물은 인간을 권태롭게 한다. 사람을 즐겁게 해주는 재물은 다시 계획과 작업을 요구한다. 그것은 농부가 무척 탐내다가 결국 소유하게 된 밭과도 같다. 사람을 즐겁게 하는 것은 힘이기 때문이다. 그것도 쉬고 있는 힘이 아니라 활동하고 있는 힘이다. 아무것도 하지 않는 인간은 아무것도 좋아하지 않는다. 이미 완성된 행복을 갖다 줘 보라. 그는 환자처럼 고개를 돌려버릴 것이다. 게다가 음악을 듣는 것보다 직접 자기가 하는 것을 더 좋아하지 않을 사람이 있을까? 힘든 일은 사람을 즐겁게 해준다. 그래서 도중에 장애물이 나타날 때마다 그것이 피를 들끓게 하고 열정을 타오르게 한다. 아무 고생 없이 쓸 수 있다면 누가 올림픽 월계관을 원하겠는가? 그 누구도 원치 않을 것이다. 절대로 잃을 위험이 없다면 누가 카드놀이를 하겠는가? 여기 신하들과 카드놀이를 하는 늙은 왕이 있다. 왕은 자기가 지면 화를 낸다. 신하들은 그 사실을 잘 알고 있다. 신하들이 카드놀이를 하는 방식을 알고 난 뒤로 왕은 절대 지지 않는다. 하지만 이번에 왕은 카드를 내팽개치고 만다. 왕은 자리에서 일어나 말을 타고 사냥에 나선다. 하지만 그것은 왕이 하는 사냥이다. 사냥감이 자진해서 왕의 발밑으로 온다. 사슴들도 역시 신하인 것이다.

나는 몇몇 왕을 알고 있다. 그들은 작은 왕국의 보잘것없는 왕들이다. 가정에서 너무 사랑받고, 너무 아첨만 듣고, 너무 애지중지 섬김을 받으며 자란 왕들이다. 그러니 이 왕들은 뭔가를 바랄 시간을 전혀 갖지 못했다. 주의 깊은 눈들이 그들의 생각을 항상 읽고 있었던 것이다. 어쨌든 작은 제우스들은 벼락을 떨어뜨리고 싶어 한다. 그들은 장애물을 꾸며 낸다. 변덕스러운 욕망을 생각해낸다. 정월의 태양처럼 그들의 마음이 변한다. 어떤 대가를 치르고서라도 원하는 대로 하고자 한다. 그리고 권태가 지나쳐 그들은 터무니없는 짓을 하게 된다. 만일 신들이 권태 때문에 죽은 것이 아니었다면, 그들은 이 가정이라는 평탄한 왕국의 지배를 당신에게 맡기지 않았을 것이다. 그 신들은 당신을 험한 산길로 인도했을 것이다. 그리고 당신에게 길동무로서 눈은 우물처럼 패이고, 이마는 모루铁锤와 같으며, 노상에서 자기 귀의 그림자를 보고 갑자기 멈추어 서는 그런 안달루시아 산 훌륭한 당나귀를 주었을 것이다. (1908년 1월 22일)

47. 아리스토텔레스

참고 견디는 것이 아니라 자진해서 하는 것, 이것이 바로 행복의 기초이다. 그런데 사탕과자는 입에서 녹이기만 하면 가만히 있어도 맛이 좋아, 많은 사람이 그렇게 행복을 느끼려다 속는 것이다. 노래를 듣기만 하고 직접 부르지 않으면 재미가 없을 것이다. 그래서 어느 현자는 노래란 귀로 듣는 것이 아니라 목으로 음미하는 것이라고 했다. 서투른 솜씨나마 자기가 직접 그리거나 수집하지 않으면, 훌륭한 그림이 주는 즐거움도 휴식하면서 쉬는 즐거움이지 몰두하는 즐거움은 못 된다. 즐거움은 단순히 판단하는 것에 있는 것이 아니라 탐구하고 정복하는데 있다. 사람들은 공연을 보러 가지만, 고백은 못해도 권태를 느낀다. 창작을 해야할까나? 아님 직접 연기를 해야할까? 이 또한 창작이니까. 배우들이 모두 즐거움을 느끼는 사교계라는 희극을 누구나 기억할 것이다. 오로지 인형극만 생각했던 행복한 몇 주가 생각난다. 하지만 나는 그때 조각칼로 나무뿌리에다 고리대금업자, 군인, 처녀, 노파 등을 새겼다는 사실을 말해야 할 것이다. 친구들은 그 인형들에 옷을 입혔다. 나는 관객들에 대해서는 전혀 신경 쓰지 않았다. 비평이라는 보잘것없는 즐거움은 그들에게 맡겨 버렸다. 하지만 비평 역시 어느 정도는 그들 스스로 생각해냈다는 점에서 즐거운 것이기는 하다. 카드놀이를 하는 사람들은 계속해서 무엇인가를 만들어내며 놀이의 단순한 흐름을 바꾸어 놓는다. 카드놀이를 전혀 할 줄 모르는 자에게 놀이를 좋아하느냐고 묻지 마라. 카드놀이를 알게 되면 곧 정치 같은 것에는 신경을 쓰지 않게 된다. 하지만 그렇게 되려면 우선 그 놀이를 배워야 한다. 모든 일이 다 그렇다. 행복해지려면 행복해지는 법을 배워야 한다.

다들 행복이란 언제나 우리에게서 달아난다고 말한다. 이것이 남에게 얻은 행복이라면 사실이다. 주어진 행복이란 존재하지 않기 때문이다. 그러나 직접 만든 행복은 사람을 절대 속이지 않는다. 그것은 배우는 일이다. 그리고 사람은 항상 배운다. 아는 것이 많을수록 더 많이 배울 수 있다. 바로 거기에 라틴 어학자들의 끝없는 즐거움이 있다. 학문이 진보함에 따라 그들의 즐거움은 오히려 커진다. 음악가의 즐거움도 이와 마찬가지다. 아리스토텔레스는 참된 음악가란 음악을 즐기는 사람이고, 참된 정치가란 정치를 즐기는 사람이라는 놀라운 말을 했다. 그는 또한 이렇게도 말했다. "즐거움이란 힘의 징표이다." 이 말은 이론 따위를 던져버리게 하는 완벽한 용어를 갖춘 멋진 말이다. 여러 차례에 걸쳐 부인됐지만 그래도 끄떡없는 이 놀라운 천재를 이해하고 싶다면 이 말에 유의해야 한다. 모든 행동에서 참된 진보의 징표는 사람들이 거기서 맛볼 수 있는 즐거움이다. 그러므로 일만이 유일하게 달콤한 것이며 또 그것만으로 충분하다. 여기에서 일이란 힘의 결과임과 동시에 힘의 원천이기도 한 자유로운 일을 말한다. 다시 한 번 말하지만, 참고 견디지 말고 자진해서 행동하라.

누구나 석공들이 전력을 다해 작은 집을 짓는 모습을 본 적이 있을 것이다. 그들이 돌 하나하나를 고르는 것을 눈여겨볼 필요가 있다. 그런데 이런 즐거움은 모든 직업에 다 있다. 왜냐하면 직공은 항상 생각해내고 배우기 때문이다. 그러나 기계적인 완벽함은 권태를 가져온다. 게다가 직공이 자기 작품과 아무런 관계도 맺지 않고, 그것을 소유하지도 않고, 또 배우기 위해 그것을 사용하지도 않으면서 항상 다시 시작 한다면, 이는 엄청난 혼란이다. 이와는 반대로 일의 연관성과 오늘의 농작물이 내일의 농작물을 약속하는 것은 농부를 행복하게 만든다. 나는 여기에서 자립한 농부를 두고 말하는 것이다. 그럼에도 대단한 수고를 통해 얻어지는 이런 행복에 대해 누구나 떠들썩하게 반대한다. 왜냐하면 남에게서 얻은 행복을 음미하고 싶다는 잘못된 생각을 하기 때문이다. 디오게네스가 말한 것처럼 오히려 고통이 낫다. 하지만 정신은 이 모순을 짊어지기를 거부한다. 이 모순을 극복해야 한다. 다시 한번 말하지만, 이런 고통을 반성함으로써 행복을 만들어야 한다. (1924년 9월 15일)

48. 행복한 농부들

노동은 가장 좋은 것이고 또 가장 나쁜 것이기도 하다. 노동이 자유로운 것이라면 가장 좋고, 예속된 것이라면 가장 나쁘다. 내가 최고로 자유로운 노동이라고 하는 것은 문짝을 만드는 기술자처럼 자신의 지식과 경험에 따라 스스로 규제하는 일을 지칭한다. 하지만 자기가 사용하기 위해 문짝을 만들 때는 사정이 약간 다르다. 그도 그럴 것이 그때의 노동은 미래에 대비한 경험이 되기 때문이다. 그는 실제로 목재의 질을 시험해 볼 수 있을 것이다. 예상했던 대로 금이 생기는 것을 보고 눈을 즐겁게 할 수도 있을 것이다. 만일 이 기술자가 문짝을 만들지 않는다면, 그때는 쓸데없는 정념을 만들어낼 수 있다. 이와 같은 지능의 작용을 결코 잊어서는 안 된다. 사물 이외에는 봉사해야 할 주인이 없을 때, 인간은 자기가 한 일의 자취를 지켜보고 또 그 자취를 계속해서 따라갈 수 있을 때 행복함을 느낀다. 그는 사물이 주는 교훈은 항상 흔쾌히 수용한다. 자기가 손수 배를 만들어 타고 항해한다면, 이것은 더욱 좋은 일이다. 노를 저을 때마다 노력이 인정되고, 또한 아주 사소한 노력도 되살아나게 된다. 흔히 교외에서 노동자가 몸소 구입한 재료로 시간이 날 때마다 조금씩 집을 짓고 있는 모습을 볼 수 있다. 궁전도 그에게 그런 행복을 가져다주지 못한다. 왕자의 참된 행복도 자기

계획대로 집을 짓게 하는 데 있다. 하지만 문의 빗장 위에서 자기가 직접 두드린 망치의 흔적을 볼 수 있는 사람이야말로 가장 행복하다. 결국, 고통이 즐거움을 만드는 것이다. 누구나 남의 명령에 따라 하는 쉬운 일보다 자기 스스로 만들고 때로는 실패할 수도 있는 힘든 일을 좋아할 것이다. 가장 나쁜 일은 주인이 와서 방해하거나 중단시키는 것이다. 부엌에서 칼질하고 있는데 마루를 청소하라는 명령을 받는 가정부는 가장 불행한 사람이다. 하지만 그런 가정부 중에서도 가장 활발한 여자들은 자신들의 일을 토대로 하나의 제국을 차지하고, 또 그렇게 함으로써 행복을 만들어내게 되는 것이다.

이런 관점에서 보면 자기 밭을 직접 경작할 수만 있다면 농사가 가장 즐거운 일이다. 생각은 끊임없이 일에서 성과로, 시작된 일에서 계속되는 일로 이어진다. 심지어는 수확조차도 인간의 노고로 장식된 땅 그 자체만큼 눈에 들어오지도 않고 또 계속 지각되지도 않는다. 자기가 직접 닦은 길 위를 힘들이지 않고 수레를 타고 간다는 것은 가이없는 즐거움이다. 그리고 항상 같은 밭에서 일할 수 있는 것이 보장된다면 큰 이득 같은 것은 그다지 문제가 안 된다. 이런 이유로 땅에 얽매인 농노는 다른 부류의 노예만큼 예속된 것이 아니다. 비록 예속된 몸이라고 하더라도 자신의 일에 대한 권한과 그 일을 계속할 수 있는 확실성만 있다면 견딜 수 있다. 이런 원칙을 지킨다면 남을 부리기도 쉽고 남의 일을 해주고 살기도 쉽다. 다만 주인은 권태로울 것이다. 그러므로 주인은 노름에 빠지거나 오페라의 여배우에게 열을 올리게 되는 것이다. 사회의 질서가 무너지는 것은 항상 무료함과 무료한 나머지 저지르는 미친 짓 때문이다

현대인도 고트인, 프랑크인, 알라만인, 그 밖의 무서운 약탈자들과 그다지 다르지 않다. 중요한 것은 다만 그들이 결코 권태를 느끼지 말아야 한다는 점이다. 자기 자신들의 의지에 따라 아침부터 저녁까지 일한다면 절대 권태롭지 않을 것이다. 이렇게 해서 집단 농업은 권태로운 자들의 동요를 속눈썹을 움직이는 것처럼 쉽게 바꾸어버리는 것이다. 하지만 대량생산은 이와 같은 자원을 제공하지 못한다는 점을 인정해야 한다. 포도 넝쿨을 느릅나무에 감기게 하듯이 공업을 농업과 결합해야 할 것이다. 모든 공장은 전원 공장이 될 것이다. 모든 공장 근로자들이 땅을 소유하고 자신이 직접 경작하게 될 것이다. 이 새로운 사란토는 동요된 정신을 안정된 정신으로 보상하게 될 것이다. 이런 시도는 철도 건널목 지기의 조그만 정원, 잡초가 포석 사이로 자라나는 것과 마찬가지로 집요하게 철도 연변에 꽃을 피우는 그 정원에서 찾아볼 수 있지 않은가? (1922년 8월 28일)

49. 노동

도스토예프스키는 그의 소설 『지하 생활자의 수기』에서 죄수들의 생활을 잘 보여주고 있다. 말하자면 거기에서는 사치스러운 위선이 완전히 제거되어 있다. 그리고 그들에게 여전히 남아 있는 어쩔 수 없는 위선에서조차도 때때로 인간 존재의 본질이 나타난다.

죄수들은 노동한다. 그리고 종종 그 일이 아무런 소용이 없다. 예컨대 그들은 땔감을 만들기 위해 낡은 배를 부수지만, 그 지방에서 땔감은 거의 공짜로 얻을 수가 있다. 그들은 이 사실을 잘 알고 있다. 그래서 온종일 아무 희망도 없는 일을 하는 한, 게으르고 서글프고 서투르다. 하지만 그들에게 하루 분량의 일, 그러니까 힘들고 어려운 일을 주면 대번에 능숙해지고 창의력이 풍부해지고 즐거워진다. 실제로 유용한 일, 가령 눈을 치우는 일을 할 때는 더욱 그러하다. 우리는 아무런 설명 없이 있는 그대로 묘사해 놓은 이 훌륭한 작품을 읽을 필요가 있다. 그러면 유용한 일은 그 자체로 즐거움이라는 것을 알게 된다. 일 그 자체가 즐겁다는 것이지, 거기에서 얻게 되는 이익 때문에 그런 것은 아니다. 예컨대 그 죄수들은 정해진 일을 즐겁게 열심히 한다. 그리고 나서 휴식을 취한다. 일과를 마치면 20분 정도를 벌

수 있다는 생각이 그들로 하여금 열심히 일해서 빨리 끝내겠다는 의견 일치로 이어지는 것이다. 그런데 이렇게 해서 어떤 문제가 생기게 되면, 그 문제 자체가 그들을 즐겁게 한다. 이렇게 해서 생각하고 궁리하고 의욕하고 또 직접 일을 해나가는 즐거움은 그 30분에서 기대하는 즐거움보다 훨씬 큰 것이다. 물론 여기에서 30분은 여전히 감옥에서의 30분에 불과할 뿐이다. 내 생각으로는 이 30분이 그들에게 소중하다면, 그것은 아주 열심히 한 일에 대한 생생한 추억 때문일 것이다. 인간의 가장 큰 즐거움은 분명 여럿이 협력해서 힘들지만 자유롭게 일하는 데 있다. 이것은 여러 경기를 보면 잘 알 수 있다.

단지 아이들에게 공부만 강요하다 평생 게으름뱅이로 만들어버리는 교육자들이 있다. 공부를 시키면 아이들은 꾸물대며 앉아서 공부하는데 익숙해진다. 다시 말해 서투르게 공부하는데 익숙해지는 것이다. 결과는 언제나 공부와 관련된 일종의 괴로운 피로로 나타난다. 이와 반대로 공부와 피로를 떼어놓으면 둘 다 즐거운 것이 된다. 질질 끄는 공부는 단순히 걷고 공기를 마시기 위해 하는 산책과 비슷하다. 이런 산책은 항상 피곤하다. 집으로 돌아오면 피곤을 느끼지 않게 된다. 반면에 가장 힘든 일을 하고 있을 때조차도 피곤함을 느끼지 않으며 기분도 가벼운 일도 있다. 그 일이 끝나면 편안하게 몸을 쉬고 달콤한 잠을 잘 수 있다. (1911년 11월 6일)

50. 제작

하나의 일을 시작하는 것은 그 동기보다 훨씬 더 중요하다. 일에 협력하기 위해서는 강한 동기들이 필요하다. 그런데도 그런 동기를 자기 마음속에서 평생 확인하거나 검토하면서 전혀 협력하지 않는 때도 있다. 하지만 협력이 커지게 되면 토대가 요구된다. 그리고 모든 일에서 주춧돌은 그 일을 계속하기 위한 충분한 이유가 된다. 따라서 전날의 일에서 자기 의지의 흔적을 보는 사람은 행복하다.

인간은 항상 선을 겨냥한다고 한다. 하지만 인간은 합리적인 목적 앞에서는 게으름뱅이가 된다. 인간의 상상력이 아무리 위대하다고 해도 아직 아무런 형태도 갖추지 않은 일에 사람들의 관심을 쏠리게 할 만큼의 힘을 가지고 있지는 않다. 그러므로 하면 좋겠다고 판단하면서도 전혀 손을 대지 못하는 일들이 우리 눈앞에 산적해 있다. 상상력이 우리를 속이는 방법은 한둘이 아니다. 하지만 우리가 속는 이유는, 상상력이 일으키는 생생한 흥분 탓에 그것이 뭔가를 알려준다고 믿기 때문이다. 하지만 이 흥분이라는 불모의 운동은 그 자체로 끝나버리기 일쑤이다. 흥분은 언제나 현재에 속하지만, 계획은 언제나 미래에 속하기 때문이다. 그러므로 "나는 언젠가는 할 것이다."라는 게으름뱅이의 말이 생겨난 것이다. 하지만 인간의 언어로는 "나는 지금 한다."고 해야 할 것이다. 미래를 품고 있는 것은 행동이기 때문이다. 미래는 예측 불가능하다. 일이 우리에게 드러내 보이는 미래는 우리가 생각해왔던 미래, 그것도 항상 더 아름다운 미래가 아니기 때문에 일에서도 마찬가지이다. 하지만 누구도 이 사실을 결코 믿을 수 없다. 그리고 공상가는 자신들의 계획이 다른 사람들이 해놓은 일보다 훨씬 멋지다고 반복해서 말한다.

하지만 일에 몰두함으로써 행복을 느끼는 사람들을 보라. 그들은 저마다 시작된 일, 가령 확장한 식료품 가게나 우표를 수집하는 일을 향해 달려간다. 그들은 시작하고 보면 시시한 일이란 결코 없다는 것을 잘 알고 있다. 나는 그들이 모두 상상하는 일에 싫증을 느끼고 있으며, 자신들의 주춧돌을 알아차리기를 열망하고 있다고 생각한다. 수를 놓으면서 처음 몇 코를 뜨는 것은 재미가 없다. 하지만 점차 진행됨에 따라 수를 놓는 일은 가속도가 붙은 힘으로 우리의 욕망을 자극한다. 따라서 신념은 첫째가는 덕이고, 희망은 둘째가는 덕밖에 안 된다. 처음에는 아무 희망 없이 일을 시작해야 한다. 희망은 증가나 진보에서 오기 때문이다. 현실적인 계획은 일 위에서만 세워질 수 있다. 나는 미켈란젤로가 모든 인물을 머릿속에 미리 가지고 있다가 그림을 그리기 시작했으리라고 생각하지 않는다. 필요에 쫓겼을 때도 그는 이렇게 말했을 뿐이다. "그건 내 일이 아니다." 그는 그 냥 그림을 그리기 시작했을 뿐이다. 그러자 인물의 모습이 떠올랐다. 바로 이것이 그린다는 것이다. 내 생각으로 이것은 자기가 만드는 것을 발견하는 일이다.

흔히들 행복은 그림자처럼 잡히지 않는다고 말한다. 또한 우리가 상상한 행복은 얻지 못한다는 것도 사실이다. 실현되는 행복은 결코 상상한 것도 아니며 또 상상할 수 있는 것도 아니다. 또 그것은 실체적인 것 이외의 다른 것이 아니다. 우리는 그 모습을 그릴 수가 없다. 그리고 작가들이 잘 알고 있듯이 좋은 주제란 없다. 한 번 더 말하지만, 좋은 주제를 믿기보다는 환영을 물리치기 위해 당장 작업에 착수해야 한다. 이것은 희망을 제쳐두고 신념을 갖기 위한 행동이다. 재건을 위한 파괴이다. 소설의 소재로 이용된 진짜 모험과 소설 사이에 항상 존재하는 놀라운 차이는 이와 같은 사실을 통해 이해할 수 있을 것이다. 화가여, 모델의 미소를 즐기지 말라. (1922년 11월 26일)

51. 멀리 보라

내가 우울증 환자에게 해줄 수 있는 한마디 말은 "멀리 보라"이다. 우울증 환자는 대부분 지나치게 책을 많이 읽는다. 그런데 인간의 눈은 독서만을 하게끔 만들어진 것이 아니다. 넓은 공간에서 휴식을 취하게끔 만들어지기도 했다. 별이나 수평선을 바라보면 눈은 곧 편안해진다. 눈이 편안해지면 머리도 자유로워지고, 발걸음도 한결 가벼워진다. 몸 전체에 여유가 생기고, 내장까지도 편해진다. 하지만 의지의 힘으로 편안하려고 하지 마라. 자기에게 의지를 적용하면 행동이 어색해져 손으로 숨통을 누르는 꼴이 된다. 자기를 생각하지 마라. 멀리 보라.

우울증이 병이라는 것은 어김없는 사실이다. 따라서 의사는 이따금 그 원인을 알아내어 치료할 때가 있다. 하지만 이 치료법은 모든 주의를 몸으로 쏠리게 한다. 그리고 양생법養生法을 따르려는 생각이 오히려 치료의 효과를 망쳐 버리고 만다. 그러므로 현명한 의사라면 이 환자를 철학자에게 보낼 것이다. 환자가 철학자에게 가면 어떻게 될까? 철학자야말로 독서를 너무 많이 하는 사람, 사물을 근시안적으로 생각하는 사람, 또 당신보다 더 우울한 사람이다.

국가는 의과대학과 마찬가지로 지혜의 학교도 운영해야 할 것이다. 어떻게? 사물의 응시를 가르치는 참된 과학과 세계처럼 거대한 시詩를 통해서이다. 광활한 지평선을 봄으로써 편안해지는 눈이라는 기관은 우리에게 많은 교훈을 주기 때문이다. 사유는 몸을 해방해 우리의 참된 조국인 우주로 돌려보내야 한다. 인간의 운명과 몸의 기능 사이에는 깊고도 친밀한 관계가 있다. 동물은 주위에 위험이 없다고 생각되면 누워서 잠들어버린다. 반면 인간은 사유한다. 만일 인간의 사유가 동물의 사유와 같은 것이라면 참으로 불행한 일이다. 인간은 곧장 자기의 불행이나 핍박을 가중시켜버린다. 인간은 불안과 기대로 자신을 괴롭힌다. 그 결과 상상력의 작용으로 그의 몸은 계속 긴장하거나 동요하거나 흥분하거나 위축되거나 한다. 인간은 자기 주위의 사물이나 다른 인간을 끊임없이 살피고 의심한다. 이렇게 해서 자신을 해방하고자 이번에는 책으로 달려든다. 하지만 책도 닫힌 세계이며, 또 눈에 너무 가깝고 정념에 너무 가깝다. 사유는 스스로 감옥을 만들고, 몸은 고통을 받게 된다. 왜냐하면 사유의 폭이 좁아지는 것과 몸이 자신을 괴롭히는 것은 같은 것이기 때문이다. 야심가는 연설을 천 번도 더 반복하고, 연애하는 사나이도 이와 마찬가지이다. 몸이 편하기를 바란다면 쉬면서 사유할 필요가 있다. 또한 그러기 위해서는 여행을 하고 사물을 응시할 필요도 있다

과학이 우리를 거기로 인도할 것이다. 다만 이 과학이 너무 많은 것을 원하지도 않고 소란스럽지도 않으며 성급하지 않아야 한다는 조건이 따른다. 그러니까 우리를 책에서 분리해 시선을 지평선까지 옮겨 놓아야 한다. 따라서 우리가 인도되는 지점은 지각과 여행이라야 한다. 어떤 대상은 당신이 거기서 발견하는 참된 관계를 통해 당신을 다른 대상이나 그 밖의 많은 대상으로 이끈다. 그리고 이 강물에서 소용돌이치는 물결은 당신의 사유를 바람, 구름, 별에까지 싣고 간다. 참된 지식은 어떤 경우에도 눈앞의 작은 사물 같은 것에 머물지 않는다. 안다는 것은 가장 사소한 것이 어떻게 모든 사물과 결합해 있는지를 이해하는 것이기 때문이다. 어떤 사물도 그 자체 속에 존재 이유를 지니고 있지 않다. 따라서 우리를 우리 자신으로부터 떼놓는 것은 바로 올바른 운동이다. 이 운동은 눈에 유익하듯이 정신에도 유익하다. 그렇게 해서 사유는 그 안식처인 우주 속에서 편안함을 얻게 되고, 모든 것과 결합해 있는 몸의 생명과 조화를 이루게 될 것이다. 기독교 신자가 말하는 "천국은 나의 조국이다."라는 말은 우리가 생각하는 것 이상으로 지당한 말이다. 멀리 보라! (1911년 5월 15일)

52. 여행

휴가 기간에 연극이나 영화를 연속해서 보러 다니는 사람이 많다. 아마도 짧은 시간에 많은 것을 보기 위해 그렇게 하는 것이다. 자기가 눈으로 본 것을 남에게 이야기하기 위해서라면 이 방법이 가장 좋다. 그런 때는 화젯거리가 되는 장소를 많이 알아둘수록 좋기 때문이다. 이렇게 하면 소일거리는 된다. 하지만 자기에게 유익한 참다운 감상을 위해서라면 그다지 권장할 만한 것이 못 된다. 빠르게 본 것은 모두 다 비슷비슷하다. 급류는 언제나 급류이다. 이처럼 세부를 급히 돌아본 사람은 여행 후에도 처음처럼 추억을 그다지 많이 남기지 못한다.

구경거리의 진정한 묘미는 세부적인 것에 있다. 본다는 것은 세부적인 것을 보고, 그다음에 이 세부적인 것을 하나씩 보기 위해 멈추고, 그리고 다시 전체를 한눈에 파악하는 것을 말한다. 다른 사람에게는 이런 일을 빨리해낼 수 있는 능력이 있어서 계속 다른 대상을 찾아 다시 뛰어가는 것인지 모르겠다. 하지만 나는 그렇게 하지 못한다. 날마다 멋진 광경을 바라보고, 마치 생 투앙 교회를 자기 집에 걸려 있는 그림처럼 이용할 수 있는 루앙 사람들은 더없이 행복하다.

이와 반대로 어쩌다 한 번 미술관을 방문한다든지 관광지에 간다든지 할 때는 온갖 추억이 뒤섞여서 종국에는 퇴색한 회색 그림처럼 되는 것을 피할 수 없다.

나의 여행 취향은 1미터나 2미터쯤 걸어가다 멈추고는 같은 사물의 새로운 측면을 바라보는 것이다. 왼쪽이나 오른쪽으로 조금만 더 걸어가서 앉게 되면 모든 것이 완전히 달라 보인다. 100킬로미터를 걸어간 것보다 더 많은 변화가 있을 때도 있다.

급류에서 급류로 옮겨가면 언제나 같은 급류를 보게 된다. 하지만 바위에서 바위로 옮겨가면 급류도 한걸음마다 다른 모습을 띠게 된다. 또한 이미 본 적이 있는 것도 다시 가서 보면 새로 보는 것 이상으로 마음을 사로잡는다. 실제로 그것은 새로운 것이기도 하다. 습관 속에서 잠들지 않기 위해서 끊임없이 변화하는 풍부한 구경거리를 택하는 것이 중요하다. 게다가 보는 방법에 따라 어떤 구경거리라도 가이없는 기쁨을 간직하고 있다. 이처럼 어디를 가든 별이 반짝이는 하늘을 볼 수 있다. 이것이야말로 아름다운 매력이다. (1906년 8월 29일)

53. 단도의 곡예

누구나 스토아주의자들의 정신력이 강한 것을 안다. 그들은 증오, 질투, 공포, 절망과 같은 정념들에 대해 추론한다. 그렇게 함으로써 훌륭한 마부가 말을 다루듯이 그 정념들을 제어하게 된다.

그들이 하는 추론 가운데 항상 내 마음에 들뿐 아니라 여러 차례 나에게 유용했던 것이 하나 있다. 그것은 과거와 미래에 대한 추론이다. 그들은 이렇게 말한다. "우리가 참아야 할 것은 현재뿐이다. 과거나 미래는 우리를 괴롭힐 수 없다. 과거는 이미 존재하지 않고, 미래는 아직 존재하지 않기 때문이다."

어쨌든 이것은 사실이다. 과거나 미래는 우리가 그것을 생각할 때만 존재할 뿐이다. 이것들은 생각이지 사실은 아니다. 우리는 회한이나 공포를 만들어내기 위해 많은 수고를 하는 것이다. 나는 여러 자루의 단도를 하나씩 쌓아올리는 곡예사를 본 적이 있다. 그가 이마 위에 할 줄로 세운 단도들은 한 그루의 무서운 나무와도 같아 보였다. 우리도 이 경솔한 곡예사처럼 우리 자신의 회한이나 공포를 지니고 다닌다. 곡예사가 1분간이라면, 우리는 1시간 동안 지니고 다니는 것과 같다. 또 곡예사가 1시간이라면, 우리는 하루, 열흘, 몇 달, 몇 년 동안이나 지니고 다니는 것과 같다. 다리가 아픈 사람은 어제도 괴로웠고, 그 훨씬 전에도 괴로워했고, 또 내일도 괴로울 거라 생각한다. 그는 자기 삶 전체를 한탄한다. 이 경우에는 지혜가 별 도움이 되지 않는다는 것은 분명하다. 현재의 고통은 제거할 수 없기 때문이다. 하지만 정신적인 고통이 문제라면 후회하거나 미리 걱정하고 예측하는 일만 그만두면 그 뒤에 무엇이 남겠는가?

짝사랑하는 여자에게 푸대접을 받은 남자는 잠을 이루지 못하고 고민하며 단단히 복수하기로 마음먹는다. 하지만 그가 과거나 미래를 생각하지 않는다면 그가 느낀 슬픔에서 뭐가 남을까? 한 번의 실패 때문에 상심하는 야심가도 과거를 곱씹거나 미래를 생각하지 않는다면 고통에서 벗어날 수 있을 것이다. 이 것은 바위를 밀어 올리고 또 밀어 올리는 고통을 되풀이하는 전설적인 시시포스와 같은 것이다.

나는 이런 식으로 자신을 괴롭히는 모든 사람에게 이렇게 말하고 싶다. 현재를 생각하라. 시시각각 계속되는 자기 생활을 생각하라. 시간은 시시각각 다가온다. 당신은 살아있으므로 당신이 현재 살고 있는 것처럼 앞으로도 살아갈 수 있다. 하지만 당신은 미래가 두렵다고 말한다. 그런데 당신은 당신이 모르는 것을 말하고 있다. 사건은 결코 우리가 기대하는 대로의 것이 아니다. 그리고 당신이 현재 느끼는 고통에 대해 말하자면, 이 고통이 너무 심하므로 줄어들 것이라고 확신할 수 있는 것이다. 모든 것은 변하고, 또 지나가게 마련이다. 이 격언은 우리를 정말이지 슬프게 한다. 그래도 어쩌다 우리를 위로해 준다면 그거로 된거다. (1908년 4월 17일)

54. 허풍

이따금 길에서 햇볕을 쬐거나 무거운 몸을 이끌고 귀가하는 유령 같은 사람을 만나게 된다. 이처럼 극도로 쇠약하고 금방이라도 죽을 것만 같은 사람을 보면 처음에는 견딜 수 없는 두려움을 느끼게 된다. 우리는 이렇게 말하면서 달아난다. "왜 저런 작자는 죽지도 않지?" 하지만 그 사람은 여전히 살고 싶어 한다. 그래서 햇볕을 쬐는 것이다. 죽고 싶지 않은 것이다. 우리의 사고에서 이 지점이 힘든 지점이다. 우리의 사고는 종종 거기에서 걸려 넘어지고, 상처를 받아 초조해지고, 좋지 않은 길로 들어서게 된다. 잠깐에 그렇게 된다.

위와 같은 광경을 보고 난 후 내가 신중하게 말을 찾고, 바른 길을 찾고 있을 때 내 앞에 친구 한 명이 나타났다. 그는 눈에 노기를 띠고 몸을 부들부들 떨며 말도 제대로 못 하고 있었다. 마침내 그가 이렇게 소리를 질렀다. "모든 것이 비참하기만 하네. 건강한 친구들은 병이나 죽음을 두려워하지. 극도로 겁에 질려 있어. 그들이 느끼는 공포를 조금도 잃지 않으려 하지. 공포를 남김없이 음미하네. 그리고 저 병자들을 보게. 그들은 죽음을 불러 죽으면 되는 걸세. 그런데도 그들은 절대 그렇게 하지 않네. 오히려 죽음을 밀어내려고 하네. 죽음에 대한 공포가 그들의 병에 더해지는 걸세. 산다는 것이 이토록 힘든데 어째서 죽음을 두려워하느냐고 말할 수도 있네. 하지만 자네는 죽음과 두려움을 동시에 싫어할 수도 있다는 걸 알고 있겠지. 우리는 이렇게 죽어가는 걸세."

그는 자기가 한 말이 틀림없다고 생각하는 것 같았다. 그리고 나도 그렇게 생각할 수도 있을 것이다. 불행해지는 것은 어려운 일이 아니다. 어려운 일은 행복해지는 것이다. 그렇다고 그것이 행복해지려는 노력을 포기하는 이유가 될 수는 없다. 오히려 그 반대이다. 호랑이 굴에 들어가지 않으면 호랑이를 잡을 수 없다는 속담도 있다.

나 역시 이와 같은 끔찍한 웅변을 경계해야 할 이유가 있다. 이런 웅변은 자명한 것처럼 보이는 허위의 빛으로 나를 속이기 마련이다. 도저히 구제할 길 없는 불행에 빠져 있다고 나 스스로 몇 번이나 증명해 보였던가! 그리고 그것은 무슨 까닭에서였던가? 여자의 눈 때문이었을 것이다. 아마 눈이 부셨던가, 피곤했던가, 아니면 하늘의 구름으로 인해 어두워진 여자의 눈 때문이었을 것이다. 아니면 기껏해야 보잘것없는 생각 때문이었거나, 치밀어 오르는 화 때문이었거나, 표정이나 말투로 미루어 짐작하게 된 허영심의 계산 때문이었을 것이다. 누구나 이런 기괴한 광기를 가지고 있기 때문이다. 1년 후면 우리는 그런 것을 태연하게 웃어넘길 수 있게 된다. 그로부터 나는 다음과 같은 결론을 내리고자 한다. 눈물, 흐느끼기 직전의 상태, 위장, 심장, 배, 격렬한 몸짓, 근육의 쓸데없는 경직 등이 추리와 섞이게 되면, 그 즉시 정념은 우리를 속인다는 결론이 그것이다. 순진한 사람은 매번 그 덫에 걸린다. 하지만 나는 이 허위의 빛이 곧 꺼진다는 사실을 알고 있다. 하지만 나는 그 빛을 당장 꺼버리고 싶다. 그렇게 할 수 있다. 허풍을 치지 않는 것만으로도 충분하다. 나는 내 목소리가 나 자신에게 얼마나 큰 힘을 행사하는지 알고 있다. 따라서 나는 나에 대해 비극 배우로서가 아니라 있는 그대로 솔직하게 말하고 싶다. 이것은 말투에 관한 이야기이다. 나는 또한 병이나 죽음이 누구에게나 찾아오는 자연적인 현상이고, 그것에 반항하는 것은 그릇된 비인간적인 태도임을 알고 있다. 진실하고 인간적인 생각은 어떤 방식으로든 늘 인간의 조건과 자연의 흐름에 순응해야 하기에 그렇다. 그리고 이것만으로도 분노를 키우고, 또 분노를 통해 자라나는 불평 속으로 뛰어드는 경솔한 짓을 하지 말아야 하는 분명한 이유가 된다. 이것은 아주 끔찍한 순환이다. 하지만 악마가 곧 나 자신이며 또한 갈퀴를 들고 있는 자도 나 자신이다. (1911년 9월 25일)

55. 넋두리

새해에, 즉 태양이 가장 높이 떠올랐다가 가장 낮게 떨어지는 데 필요한 1년이라는 기간에, 모든 일이 점점 더 나빠질 거라고 말하거나 생각하지 말기를 바란다. 돈에 대한 탐욕, 쾌락에의 몰두, 의무의 망각, 젊은이들의 건방짐, 전대미문의 도둑질과 범죄, 풍기문란, 한겨울인데도 포근한 저녁을 보내고 있는 변덕스러운 날씨. 이것들은 인간 세상과 더불어 늘 반복돼온 말들이다. 이것들은 그저 '이제 내 위장의 기능이나 즐거움이 스무 살 때 같지 않다.'는 것을 의미할 뿐이다.

이런 식으로 불평할 바에는 차라리 환자들이 슬픔을 참고 견디는 것처럼 참고 견디는 편이 낫다. 말이란 그 자체로 대단한 힘을 가지고 있다. 말은 슬픔을 부채질하고 크게 만든다. 말은 외투처럼 모든 사물을 슬픔으로 덮어버린다. 그렇게 해서 결과가 원인이 된다. 이것은 어린아이가 친구를 곰이나 사자로 변장시켜 놓고 무서워하는 경우와 마찬가지이다.

만일 어떤 사람이 슬픔에 빠져 자기 집을 관 속처럼 꾸며 놓으면 결국 그는 무엇을 보든지 슬픔을 떠올릴 것이고, 따라서 더 큰 비탄에 잠길 것이다. 우리의 생각도 이와 같다. 만일 우리가 우울한 나머지 인간을 어둡게 그리고, 공공의 일을 썩은 것으로 그린다면, 이번에 이 조잡한 그림은 우리를 절망 속으로 내던져 버릴 것이다. 가장 영리한 사람은 자기를 가장 잘 속이는 사람이다. 허풍에는 후유증과 그럴듯한 이유가 있기 때문이다.

가장 나쁜 것은 병이 전염된다는 점이다. 이것은 정신의 콜레라와 같다. 내가 알고 있는 어떤 사람들 앞에서는 관리들이 과거보다 정직해졌고 부지런해졌다는 말을 할 수가 없다. 자신들의 정념을 따르는 사람은 아주 자연스럽게 웅변을 구사하고 아주 감동적일 정도로 성실해서 많은 청중이 모여들게 마련이다. 또한 공정하고자 하는 사람은 바보나 악역을 맡게 된다. 이렇게 해서 넋두리는 이론으로 확립돼 곧 예의의 일부가 되고 만다.

어제 한 커튼 장수가 대화를 이어가려다 순진하게 이런 말을 했다. "날씨가 엉망이네요. 이래서야 누가 겨울이라고 하겠습니까? 마치 여름 같군요. 도무지 영문을 모르겠다니까요." 아마 그는 몹시 무더웠던 작년 여름에도 이와 비슷한 말을 했을 것이다. 하지만 으레 하는 말은 사실보다 강한 법이다. 그런데 이 커튼 장수가 비웃기에 앞서 당신 자신부터 조심하라. 왜냐하면 모든 일이 작년의 무더웠던 여름과 같이 명확하게 기억되는 것은 아니기 때문이다.

내가 내리는 결론은 이렇다. 기쁨은 젊어서 권위가 없고, 슬픔은 왕좌를 차지해서 항상 지나치게 존경받는다는 것이 그것이다. 따라서 슬픔에 저항해야 한다. 단순히 기쁨이 좋은 것이기 때문만은 아니다. 물론 이것도 이유가 되지만 그보다는 어디까지나 공정해야 하기 때문이다. 또 언제나 떠들썩하고 거만하게 구는 슬픔은 인간이 공정해지는 것을 절대 바라지 않기 때문이기도 하다. (1912년 1월 4일)

56. 정념의 웅변

우리는 거의 항상 정념의 웅변에 속는다. 내가 말하는 정념의 웅변이란, 우리의 몸이 쉬고 있거나 피곤해하거나, 흥분해 있거나 가라앉아 있거나에 따라 상상력이 전개하는 슬프거나 즐거운 감정의 환영이다. 따라서 아주 당연한 일이지만, 기만을 당하게 되면 우리는 그 원인을 예측하고 바로잡는 대신 사물이나 인간들을 비난하게 된다.

시험이 다가오면 수험생들은 늦게까지 전등불 밑에서 공부를 하느라 눈이 피로하고 머리가 혼란스러워 통증을 느끼게 된다. 이런 것들은 수면과 휴식으로 금방 나을 수 있다. 하지만 순진한 수험생은 미처 그 생각을 하지 못한다. 그는 먼저 자기가 빨리 익히지 못하고, 생각은 오리무중이고, 책을 읽어도 무슨 뜻인지 이해가 안 된다고 생각한다. 그래서 그는 어려운 시험과 자기의 능력을 생각하며 비탄에 잠기게 된다. 그러고 나서 과거의 추억을 서글픈 안개를 통해 바라보면서, 자기는 유익한 일을 한 적이 없다, 모든 것을 다시 시작해야 한다, 무엇하나 분명하지도 않고 정리된 것도 없다는 사실을 깨닫거나 깨달았다고 생각한다. 현재에는 미래를 바라보면서 시간은 짧은데 공부는 더디다고 생각한다. 그래서 그는 머리를 감싸고 다시 책을 본다. 하지만 이럴 때는 누워서 잠을 자는 것이 더 좋다. 그런데 마음의 고통이 이런 치유법을 가리고 있는 것이다. 그가 공부에 돌진하는 것은 정확히 그가 피곤하기 때문이다. 이런 때 그에게 필요한 것은 데카르트나 스피노자에 의해 다시 한 번 입증된 스토아학파의 심오한 지혜이다. 상상력이 제시하는 증거들을 늘 경계하면서, 반성을 통해 정념의 웅변을 잘 간파하고, 그것을 믿지 않도록 애써야 한다. 그렇게 하면 아무리 심한 마음의 고통도 사라지게 될 것이다. 왜냐하면 약간의 두통과 눈의 피로는 참을 수 있고 또 그리 오래 가지 않기 때문이다. 하지만 절망은 무서운 것이고, 그 자체로 절망의 원인을 더 악화시킨다.

바로 거기에 정념의 함정이 도사리고 있다. 화가 난 사람은 자신에게 아주 감동적이고 생생한 비극을 몸소 연기한다. 그는 이 비극에서 자기 적의 모든 과실, 간계, 준비, 모욕, 미래의 계획 등을 자신에게 보여준다. 모든 것이 분노로 해석되고, 그로서 분노는 더욱 커진다. 마치 복수의 세 여신 퓨리스를 그려 놓고 스스로 무서워하는 화가라고 할 수 있다. 단지 심장과 근육의 흥분으로 커진 사소한 이유 때문에 분노가 종종 폭풍으로 변하는 것은 바로 이와 같은 메커니즘을 통해서이다. 하지만 이 모든 흥분을 가라앉히는 방법은 역사학자가 생각하는 것처럼 모욕, 불평, 요구 등을 검토하는 것이 아니다. 그런 것들은 망상처럼 허위의 빛에 조명된 것이기 때문이다. 여기에서도 반성으로 정념의 웅변을 간파하고, 그것을 믿지 말아야 한다. "저 가짜 친구는 항상 나를 경멸했다."고 하지 말고, "이런 흥분 상태에서는 잘못 볼 수도 잘못 판단할 수도 있다. 나는 나 자신에게 허세를 부리는 비극 배우에 지나지 않는다."라고 해야 할 것이다. 그러면 극장은 관객이 없어 막을 내리게 될 것이다. 훌륭한 무대장치도 낙서에 불과할 것이다. 이것이 실질적인 지혜이다. 좋지 않은 시詩에 맞서는 실질적인 무기이다. 그런데 안타깝게도 우리는 망상 속에 몸을 두고, 자기의 불행을 남에게 주는 것밖에 알지 못하는 도덕주의자들의 아류로부터 조언과 지도를 받고 있다. (1913년 5월 14일)

57. 절망에 대해

어떤 사람이 이렇게 말했다. "악인은 그만한 일로 자살하지 않는다." 정직한 사람은 명예를 훼손당했다고 생각하면 자살을 하고, 그 뒤에 그를 비난했던 사람들마저 그의 죽음을 애석하게 여기는 경우는 종종 있다. 나는 기억에 오래 남게 될 이런 비극에서 다음과 같은 문제를 탐구하고자 한다. 항상 정당하고 합리적이고자 하는 사람이 왜 타인들의 공격에 졌다고 생각하고 정념을 극복하지 못했는가, 또 어떤 생각이 있으면 이럴 때 절망을 극복할 수 있을까의 문제가 그것이다.

상황을 판단한다, 어려운 문제를 제기한다, 이 문제의 해결책을 찾는다, 이 해결책을 도저히 찾을 수 없다, 어떻게 해야 할지 모르겠다, 조련장의 말처럼 똑같은 생각이 제자리에서 빙빙 돈다. 당신은 이런 것들만이 고통이라고 말할 것이다. 지성 역시 우리를 찌르는 가시를 가지고 있다고 말할 것이다. 하지만 절대 그렇지 않다. 이런 오류에 빠지지 않는 것에서부터 시작해야 한다. 아무래도 알 수 없는 문제들이 많이 있다. 또한 그런 문제들에 대해 쉽게 체념할 수도 있다. 변호사나 재판관 같은 사람들은 어떤 사건을 전혀 가망 없다고 결정하든가, 아니면 침식을 잊지 않고서는 아무런 결정도 하지 못하든가 둘 중의 하나이다. 풀기 어려운 문제를 생각할 때 우리를 괴롭히는 것은 이 풀기 어려운 생각 그 자체가 아니다. 오히려 그것은 이 생각 자체에 대한 싸움이나 저항이다. 또는 사태가 지금과 같지 않았으면 하는 욕구이기도 하다. 내 생각에 정념의 모든 작용에는 돌이킬 수 없는 것에 대한 저항이 있다. 예컨대 어떤 작자가 어리석거나 허영에 들떠 있거나 냉담한 여자를 사랑하면서 괴로워한다면, 그것은 그가 강한 집념을 가지고 그녀가 지금과 같지 않았으면 하고 바라기 때문이다. 이와 마찬가지로 파멸을 면할 길이 없고 또 그것을 잘 알고 있을 때도, 정념은 다른 곳으로 가는 길을 발견하기 위해 사고思考로 하여금 다시 한 번 같은 길로 갈 것을 명령하고 또 그렇게 하기를 바라는 것이다. 하지만 그 길은 이미 지나온 길이다. 인간은 정확히 그가 현재 있는 지점에 있는 것이다. 그리고 시간이라는 길 위에서는 되돌아갈 수도 없고, 또 같은 길을 두 번 되풀이할 수도 없다. 따라서 나는 확고한 성격의 소유자란 자기가 지금 어디에 있으며, 형편은 어떠하고, 돌이킬 수 없는 것은 무엇인지를 자신에게 정확히 보여주고, 또 거기에서 출발해 미래를 향해 나아가는 사람이라고 생각한다. 하지만 이렇게 하기는 쉽지 않다. 그리고 이를 위해서는 작은 일부터 훈련을 해야 한다. 그렇지 않으면 정념은 우리에 갇힌 사자와 같은 꼴이 되고 말 것이다. 사자가 마치 한쪽 구석에 있는 동안 보지 못했던 것을 다른 구석으로 갔을 때 보상받으려는 것처럼 몇 시간이고 창살 앞에서 서성거린다. 요컨대 과거에 대한 관조에서 생기는 이런 슬픔은 무익하며 심지어는 해롭기까지 하다. 왜냐하면 그것은 우리를 쓸데없이 반성시키고 또 탐구하게 하기 때문이다. 스피노자는 후회란 제2의 과실이라고 말했다.

슬픈 사람이 스피노자를 읽은 적이 있다면 이렇게 말할 것이다. "하지만 나는 슬픔에 빠졌을 때 절대로 즐거워할 수 없다. 그것은 기분, 피로, 나이, 날씨에 따라 다르다." 좋다. 이것을 당신 자신에게 말해보라. 심각하게 말해 보라. 슬픔을 그 진짜 원인에게로 돌려보내라. 그러면 바람에 흩어지는 구름처럼 당신의 괴로운 생각도 달아날 것이다. 지상은 불행으로 뒤덮일 수 있다. 하지만 하늘은 또 갤 것이다. 그것만으로도 큰 소득이다. 당신은 슬픔을 몸으로 되돌려 보낸 셈이다. 그 결과 당신의 생각은 깨끗이 청소된 것과 같을 것이다. 또는 이렇게 말해도 좋다. 생각은 슬픔에 날개를 달아, 하늘에 떠다니는 슬픔으로 만든다. 이와는 달리 반성은 목표물을 잘 잡으면 날개를 꺾어 지상의 슬픔으로 만든다. 슬픔은 언제나 발밑에 있다. 하지만 그것은 이미 눈앞에 없다. 악마적인 것은 우리가 하늘에 떠다니는 슬픔만을 원한다는 것이다. (1911년 10월 31일)

58. 연민에 대해

세상에는 삶을 어둡게 하는 친절, 즉 슬픔 그 자체인 친절이 있다. 일반적으로 연민이라 불리는 이것은 인류의 재앙 중 하나이다. 감수성이 풍부한 여인이 깡마르고 폐병 환자로 여겨지는 사람에게 어떤 방식으로 얘기하는지 잘 살펴볼 필요가 있다. 촉촉이 젖은 눈빛, 말투, 이야기하는 내용, 이런 것들이 모두 이 불쌍한 사람을 침울하게 만든다. 하지만 그는 전혀 신경질 내지 않는다. 병을 참고 견디는 것처럼 남의 연민도 참고 견뎌 낸다. 언제나 그렇다. 누구나 그에게 와서 슬픔을 쏟아 놓으면서 판에 박힌 말을 되풀이한다. "당신의 이런 상황에 있는 걸 보니 가슴이 미어지는군요."

조금 더 사리를 분별할 줄 아는 사람들, 조금 더 말을 삼가는 사람들도 있다. 이 사람들의 말은 격려하는 말이다. "용기를 내세요. 날씨가 좋아지면 회복되겠지요." 하지만 이번에는 말과 태도가 일치하지 않는다. 여전히 환자를 울릴 것 같은 슬픈 어조이다. 병자는 조금만 달라져도 금방 알아차린다. 깜짝 놀란 눈초리는 어떤 말보다 훨씬 많은 것을 말한다.

그러면 대체 어떻게 해야 하는가? 여기 그 답이 있다. 슬퍼해서는 안 된다. 희망을 가져야 한다. 사람은 남에게 자기가 가진 희망밖에 주지 못하는 법이다. 자연에 기대를 걸고, 미래를 밝게 보고, 생명이 승리를 거둔다는 것을 믿을 필요가 있다. 이것은 생각하는 것보다는 쉬운 일이다. 이것이 자연스러운 일이기 때문이다. 살아 있는 모든 생물은 생명이 승리를 거둘 거라고 믿고 있다. 그렇지 않다면 곧 죽어버릴 것이다. 이 생명력에 의해 우리는 곧 그 불쌍한 사람을 잊게 된다. 그런데 그에게 주어야 할 것은 바로 이 생명력이다. 실제로 그를 너무 동정해서는 안 된다. 그렇다고 해서 지나치게 가혹하고 무관심해도 안 된다. 이와는 달리 밝은 우정을 주어야 한다. 누구든 남에게 동정을 불어넣는 걸 좋아하지 않는다. 또한 환자는 자기가 건강한 사람을 슬프게 만들지 않는다는 사실을 알면 곧 기운을 회복하게 된다. 결국, 신뢰가 가장 좋은 약이다.

우리는 종교 때문에 해를 입고 있다. 우리는 사제들이 사람들의 약점이나 고통을 노려 그들을 생각에 잠기게 하는 설교를 함으로써 다 죽어가는 사람의 숨을 끊어 놓는 걸 흔히 본다. 나는 이런 초상招喪꾼의 웅변을 싫어한다. 삶에 대해 설교를 해야지 죽음에 대해 설교를 해서는 안 된다. 희망을 퍼뜨려야지 두려움을 퍼뜨려서는 안 된다. 그리고 다 같이 인류의 참된 보물인 기쁨을 길러야 한다. 이것이 바로 위대한 현자들의 비결이요, 내일의 빛이기도 하다. 모든 정념은 슬프다. 미움도 슬프다. 기쁨은 정념과 미움을 물리칠 것이다. 하지만 먼저 슬픔은 결코 고귀하지도 아름답지도 유용하지도 않다는 점을 말해 두자. (1909년 10월 5일)

59. 타인의 불행

"우리는 타인의 불행을 견뎌낼 만한 충분한 힘이 있다." 이렇게 말한 것은 도덕주의자 라 로슈푸코라고 생각한다. 이 말에는 분명 진실한 무엇인가가 들어 있다. 하지만 그것은 절반의 진실일 뿐이다. 그보다 더 주목할 만한 가치가 있는 것은 바로 우리 자신이 항상 우리의 불행을 견뎌낼 만한 충분한 힘이 있다는 사실이다. 또 당연히 그래야 한다. 필연이 우리의 어깨 위에 손을 얹게 되면 우리는 벌써 붙잡힌 것이다. 그렇게 되면 죽는 편이 더 나을 것이다. 그렇지 않으면 어쨌든 살아야 한다. 그리고 대부분의 사람은 이 후자를 택한다. 이처럼 생명력이란 놀라운 것이다.

수재민도 마찬가지이다. 그들은 잘 적응한다. 그들은 임시로 만든 작은 다리를 불평하지 않는다. 그들은 그 작은 다리로 건너다닌다. 학교나 그 밖의 공공건물에 수용된 사람들은 그곳을 임시 거처로 삼아 마음을 진정시키고 눌러앉아 편히 먹고 잔다. 전쟁에 나갔던 사람들은 이렇게 말한다. 가장 힘든 것은 전쟁 자체가 아니라 시린 발이었다고 말이다. 사람들은 간절히 불을 피우고 싶어 한다. 그리고 몸이 따뜻해지면 그것으로 충분히 만족한다.

생활이 괴로우면 괴로울수록 사람은 고통을 잘 참고 즐거움을 음미한다. 왜냐하면 앞으로 일어날 수 있는 불행까지 예상할 여유가 없기 때문이다. 필요는 예상을 제한한다. 로빈슨 크루소는 자기 집을 짓고 나서야 조국을 그리워하기 시작했다. 부자들이 사냥을 좋아하는 것도 분명 이런 이유에서이다. 사냥할 때는 발이 아플 것이라는 가까운 장래의 아픔도 있고, 곧 잘 먹고 잘 마신다는 가까운 장래의 기쁨도 들어 있다. 이처럼 행동은 모든 것을 강탈하고 속박한다. 몹시 어려운 행동에 모든 주의력을 기울이는 사람은 완벽하게 행복하다. 과거나 미래를 생각하는 사람은 완벽하게 행복해질 수 없다. 사물의 무거운 짐을 지고 있는 한, 인간은 행복하든가 파멸하든가 해야 한다. 하지만 자기自己라는 무거운 짐을 불안한 마음으로 지게 되면 모든 길은 험난해지기 마련이다. 길을 가는 도중에 과거와 미래가 힘들게 등을 내리누른다.

요컨대 자기에 대해 생각해서는 안 된다. 흥미로운 것은 다른 사람들이 자신들에 대해 하는 말을 들으면 나는 나 자신에게로 되돌아온다는 점이다. 함께 행동하는 것은 항상 좋은 일이다. 하지만 이야기를 하기 위해, 불평하기 위해, 비난을 되돌려주기 위해 함께 이야기하는 것은 이 세상에서 가장 큰 재앙중의 하나이다. 사람의 얼굴은 무섭게 많은 것을 표현하여 여러 가지 일로 인해 내가 잊고 있던 슬픔을 일깨워준다는 것은 제쳐놓고서라도 말이다. 사회에서 우리는 개인들의 충돌, 서로의 대답, 입으로 하는 대답, 눈으로 하는 대답, 형제애가 담긴 대답으로만 이기주의자가 될 뿐이다. 하나의 불평은 수많은 불평으로 이어지며, 하나의 공포도 무수한 공포로 이어진다. 한 마리의 양이 양 떼 전체를 달리게 한다. 감수성이 예민한 사람이 약간은 인간 혐오증에 빠지는 이유가 바로 그것이다. 우정은 이 점을 항상 염두에 두어야 한다. 사람들의 입에 오르내리는 것을 꺼려 조심스럽게 고독을 찾는 민감한 사람을 이기주의자라고 부르는 건 지나친 속단이다. 친한 사람의 얼굴에 나타난 불안, 슬픔, 고통을 어렵게 참아내는 것은 매정한 마음이 아니다. 그리고 자진해서 남의 불행에 참견하는 사람들이 과연 그들 자신의 불행에 대해 더 많은 주의를 기울이고 있는지, 더 많은 용기를 가졌는지, 또는 더 많은 무관심을 가졌는지는 의심스럽다. 위에서 언급된 도덕주의자는 심술쟁이였을 뿐이다. 타인의 불행은 무거운 짐이다. (1910년 3월 23일)

60. 위안

행복과 불행을 상상하는 일은 불가능하다. 나는 쾌락, 류머티즘, 치통, 종교재판소의 고문 등과 같은 고통에 대해 말하는 것이 아니다. 그런 것들이라면 그 원인을 생각해냄으로써 상상해 볼 수 있다. 원인이란 확실한 행위이기 때문이다. 예컨대 뜨거운 물이 손에 튀었다든가, 자동차에 치였다든가, 문에 손이 끼었을 경우, 나는 이때의 고통을 대략 짐작할 수 있고 또 다른 사람의 고통도 역시 짐작할 수 있다.

하지만 행복과 불행을 만들어내는 여러 종류의 의견이 문제시되는 경우, 우리는 남의 일이든 자기 일이든 아무것도 내다볼 수 없다. 모든 것이 사고思考의 흐름에 달려 있다. 그리고 사람은 자기가 원하는 대로 생각하지 못한다. 더군다나 전혀 즐겁지 않은 생각이라면 이유도 모르는 채 그 생각에서 벗어날 수도 있다. 가령 연극은 우리의 마음을 강하게 사로잡아 다른 곳으로 돌려 버린다. 우리가 페인트칠이 된 무대장치라든가, 고함이라든가, 우는 시늉을 하는 여자와 같은 하찮은 원인에 주의를 기울인다면, 그 강한 힘의 원인이라는 것도 사실은 우스꽝스러운 것이다. 하지만 이와 같은 서투른 흉내가 눈물을 흘리게 한다. 진짜 눈물을 말이다. 당신은 서투른 연극대사 덕분에 잠깐 인간의 모든 괴로움을 짊어지게 된다. 몇 분 후에 당신은 당신 자신과 모든 괴로움에서 아무 멀리 떨어진 곳에서 여행하고 있을지도 모른다. 슬픔과 위안은 마치 새처럼 앉았다가 날아가 버린다. 이걸 생각하면 얼굴이 붉어질 수도 있다. 몽테스키외처럼 이렇게 말하면서 얼굴을 붉힐 것이다. "나는 한 시간의 독서로 쓸어 버리지 못할 정도의 슬픔을 가져 본 적이 없다." 어쨌든 진지하게 책을 읽으면 책에 몰두하게 되는 것만은 분명하다.

마차에 실려 단두대로 가는 사람은 가련하다. 하지만 그가 마차 속에 있더라도 다른 것을 생각한다면 현재의 나보다 불행하지는 않을 수도 있다. 그가 길모퉁이라든가 마차의 요동 같은 것을 헤아린다면, 실제로 그는 그것들에 대해 생각하고 있는 것이다. 멀리 보이는 포스터를 읽으려고 했다면 그것이 최후의 순간에 그의 마음을 사로잡을 수도 있을 것이다. 그 점에 대해 우리는 무엇을 알고 있는가? 또 그는 무엇을 알고 있는가?

나는 물에 빠져 죽을 뻔한 친구의 이야기를 들은 적이 있다. 그는 배와 선창 사이에 떨어져서 한동안 선체 밑에 있었다. 끌어냈을 때 그는 의식을 잃은 상태였다. 그러니까 그는 죽었다가 살아났다고 할 수 있다. 그의 회상은 이렇다. 그는 물속에서 눈을 뜨고 있었다. 그리고 자기 앞에서 밧줄이 흔들리는 것을 보았다.

그는 그것을 잡으려고 하면 잡을 수 있다고 생각했으나, 조금도 그럴 마음이 나지 않았다. 그의 머릿속은 파란 물과 떠 있는 밧줄로 꽉 차 있었다. 그가 들려준 바로는 그의 마지막 순간은 이와 같았다고 한다. (1910년 11월 26일)

61. 사자死者 숭배

사자를 숭배하는 것은 아름다운 관습이다. 사자들을 위한 축제는 알맞게도 태양이 우리를 버린다는 징후가 분명하게 나타나는 시기로 정해져 있다. 시든 꽃, 사람들이 밟고 다니는 노랗고 붉은 낙엽, 긴 밤, 저녁나절과 같이 나른한 낮, 이 모든 것은 피로나 휴식이나 수면이나 과거를 생각나게 한다. 한 해의 끝은 해 질 녘이나 인생의 황혼과도 같다. 이제 미래는 밤과 수면만을 제공해 줄 뿐이다. 자연스럽게 생각도 이미 이루어진 것으로 돌아가게 되며 역사적인 것이 된다. 이처럼 관습과 날씨와 우리 생각의 흐름 사이에는 조화가 있다. 그래서 이런 계절이면 망령들을 일깨워서 그들에게 말을 걸려는 사람이 적지 않은 것이다.

하지만 어떻게 그 망령들을 불러낼 것인가? 어떻게 그들을 즐겁게 해줄 것인가? 율리시스는 그들에게 먹을 것을 주었다. 우리는 그들에게 꽃을 가지고 간다. 하지만 이와 같은 모든 봉헌은 우리의 생각을 그들에게로 돌리고, 또 그들과 대화를 계속하기 위한 것에 불과하다. 불러내고자 하는 것은 죽은 사람들의 생각이지 그들의 몸이 아니라는 것은 분명하다. 그리고 그들의 생각이 잠자고 있는 곳은 우리 자신의 내부라는 점도 분명하다. 그렇다고 꽃이나 화환으로 꾸며진 무덤이 아무런 의미도 없다고는 할 수 없다. 우리는 바라는 대로 생각할 수 없으므로 우리 생각의 흐름은 자연히 우리가 보고 듣고 만지는 것에 의존한다. 따라서 자기 자신에게 어떤 볼거리를 주고 거기에 딸려 있는 몽상을 주는 것은 아주 합리적이다. 이런 점에 종교적 의식의 가치가 있다. 하지만 이것은 수단에 지나지 않는다. 목적이 아니다. 따라서 다른 사람들이 미사에 참석하거나 기도하는 것과 같이 죽은 사람을 찾아가서는 안 된다.

사자들은 죽은 것이 아니다. 이것은 우리가 살아있다는 점으로 보아 명백하다. 사자들은 생각하고 이야기하며 행동한다. 그들은 조언할 수도, 바랄 수도, 동의할 수도, 비난할 수도 있다. 이 모든 것은 사실이다. 하지만 거기에 귀를 기울일 필요가 있다. 모든 것은 우리 내부에 있는 것이다.

당신은 이렇게 말할 것이다. 우리는 사자들을 잊을 수가 없다고 말이다. 그런데도 그들을 생각하는 것은 아무런 소용이 없는 일이다. 자기를 생각하는 것이 사자들을 생각하는 것이다. 그건 그렇다. 하지만 사람은 별로 자기를 생각하지 않는다. 정말로 진지하게 생각하지 않는 것이 보통이다. 우리는 우리 자신의 눈으로 보면 너무 익숙하고 너무 변덕스럽다. 우리는 우리 자신에게 너무 가까이 있다. 올바른 균형을 유지하면서 자기에 대한 올바른 시각을 갖는 것은 쉬운 일이 아니다. 그렇다고 한다면 줄곧 자기가 바라는 정의만을 생각하는 정의의 벗이란 대체 무엇인가? 우리는 진실에 따라, 사소한 일을 잊어버리는 경건함을 통해 사자들을 평가하게 된다. 또한 어쩌면 최대의 인간적인 사실로 생각되는 사자들의 조언의 힘은 그들이 이미 존재하지 않는다는 데서 기인한다. 살아 있다는 것은 주위 세계의 충격에 답을 하는 것이기 때문이다. 그것은 하루에도 몇 번씩, 한 시간에도 몇 번씩 그렇게 존재해야겠다고 다짐한 자기의 모습을 잊는 일이다. 그래서 사자들은 무엇을 바랄까 하고 생각하는 일이 큰 의미가 있는 것이다. 잘 보고 잘 들어보라. 사자들은 살기를 바라고 있다. 그들은 당신 안에서 살고 싶어 한다. 그들은 자신들이 원했던 것을 당신의 삶이 풍부하게 발전시켜주길 바란다. 이렇게 해서 무덤은 우리를 삶으로 되돌려 보내는 것이다. 이렇게 해서 우리의 생각은 겨울을 쾌활하게 뛰어넘어 다가

올 봄과 돌아날 새싹에 이르는 것이다. 어제 나는 잎이 떨어지고 있는 라일락 나뭇가지를 보았다. 거기에는 벌써 싹이 트고 있었다. (1907년 11월 8일)

62. 어리석은 사람

목이 간질간질할 때 심하게 기침을 하면 나을 거로 생각하는 사람들이 있다. 하지만 이런 어리석은 행동으로 목은 더 자극을 받고 숨을 헐떡이다가 지치게 된다. 그래서 병원이나 요양소 같은 곳에서는 환자들에게 절대로 기침을 해서는 안 된다고 가르친다. 우선 가능한 한 기침을 참아야 한다. 기침하려고 하는 순간에 침을 삼키면 더욱 좋다. 왜냐하면 한 가지 운동을 하면 다른 운동을 할 수 없기 때문이다. 마지막으로 목이 간질간질하다고 해서 불쾌해하거나 신경질을 내지 말아야 한다. 신경을 쓰지 않게 되면 저절로 가라앉기 마련이다.

이와 마찬가지로 스스로 쥐어뜯고 고통이 섞인 좋지 않은 쾌감을 맛보는 환자들이 있다. 그렇게 하면 나중에는 더 심한 고통을 느끼게 된다. 그들도 자진해서 기침하는 친구들과 마찬가지로 자신들에게 일종의 포악한 성질을 부리게 된다. 이런 것이 어리석은 사람들이 이용하는 방법이다.

불면증에도 이와 같은 종류의 비극이 있다. 자기 스스로 만든 병 때문에 괴로워하는 것이다. 자지 않고 잠시 휴식을 취해도 아무 지장이 없을 것이다. 잠자리에 누워 있는 것도 그리 나쁘지 않을 것이다. 하지만 머리가 작동한다. 잠을 잤으면 하고 생각한다. 잠을 자려고 노력한다. 그 일에 주의를 집중한다. 하지만 너무 집중해 결국 의지와 주의력으로 깨어 있게 된다. 그렇지 않으면 짜증이 난다. 시간을 헤아린다. 귀중한 휴식 시간을 더 잘 이용하지 못한다는 것이 어리석은 일이라고 생각한다. 이와 동시에 풀밭에 놓인 잉어처럼 뛰며 뒤치락거린다. 이것 역시 어리석은 자가 이용하는 방법이다.

또는 무슨 불만이라도 있으면 밤낮없이 그 문제로 되돌아간다. 자기 자신의 이야기를 마치 책상 위에 펴놓은 슬픈 소설처럼 읽어 나간다. 이렇게 해서 그는 자신의 슬픔 속에 다시 잠기게 된다. 또한 그는 이 슬픔을 즐긴다. 잊힐 수 있는 것을 다시 떠올린다. 예측할 수 있는 모든 불행을 떠올려 본다. 요컨대 자기의 아픈 곳을 긁어대는 것이다. 이것 역기 어리석은 자가 이용하는 방법이다.

연인에게 차인 남자는 다른 것을 생각하려 하지 않는다. 이와는 반대로 그는 과거의 행복, 그 여자의 완벽한 아름다움, 그녀의 배반이나 불의 같은 것을 되새긴다. 그는 자진해서 자기 자신을 매질한다. 만일 다른 뭔가를 생각할 수 없으면 자기 자신의 불행을 다른 식으로라도 해석해야 할 것이다. 그런 여자는 이제 청순함을 잃어버린 하찮은 여자라고 생각해볼 일이다. 노파가 된 그녀와의 생활을 상상해볼 일이다. 과거의 기쁨을 면밀하게 저울질해볼 일이다. 자기 자신의 열광을 분석해볼 일이다. 마음이 맞지 않았을 때의 일을 떠올려볼 일이다. 그런 일은 행복할 때는 그냥 지나치지만, 슬플 때는 위안거리로서 도움이 된다. 끝으로 마음에 들지 않는 눈, 코, 입, 손, 발, 목소리 등 신체적 특정에 주의를 기울여볼 일이다. 이런 것은 반드시 있다. 이것이야말로 영웅적인 요법이라고 말하고 싶다. 복잡한 일이나 어려운 행동에 뛰어드는 것이 훨씬 더 수월한 법이다. 하지만 수렁 속에 몸을 던지듯이 불행 속으로 뛰어들지 말고, 어쨌든 자신을 위로하기 위해 노력해야 한다. 그리고 진지하게 그런 노력을 하는 사람들은 생각 이상으로 훨씬 더 빨리 위안을 얻게 될 것이다. (1911년 12월 31일)

63. 비를 맞으며

진짜 불행도 상당히 많다. 그렇긴 하지만 사람은 상상력에 의해 그 불행에 다른 불행을 더하게 된다. 당신은 매일 적어도 한 사람쯤은 자기 일에 대해 불평하는 사람을 만나게 될 것이다. 그리고 그의 말은 항상 아주 그럴듯하게 들릴 것이다. 왜냐하면 어떤 일에든 불평을 할 수 있고, 또 그 무엇이든 완전한 것은 없기 때문이다.

교사는 아무것도 모르고 어떤 것에도 흥미를 갖지 않는 거친 아이들을 가르쳐야 한다고 불평할 것이다. 공무원은 산더미 같은 서류에 파묻혀 있어야 한다고 말할 것이다. 변호사는 자기의 말을 듣지도 않고 졸고 있는 재판관 앞에서 변호해야 한다고 불평할 것이다. 이 모든 것은 분명 사실이다. 나도 그렇게 생각한다. 이런 일들이 사실이기 때문에 사람들은 당연히 그렇게 말할 수 있다. 여기에 더해 당신의 위가 좋지 않다든가, 당신의 신발이 물에 젖었다면, 나는 그 기분을 충분히 이해할 수 있다. 이런 일 때문에 인생이나 인간 혹은 신의 존재를 믿는다면 신까지도 저주하게 되는 것이다.

하지만 한 가지 주의해야 할 것이 있다. 이런 말은 끝이 없고, 슬픔은 슬픔을 낳는다는 것이 그것이다. 왜냐하면 운명을 한탄함으로써 불행을 키우게 되고, 웃는다는 희망을 미리 빼앗기게 되고, 그 때문에 위의 상태가 더 나빠지기 때문이다. 만일 매사에 대해 불평을 하는 친구가 있다면, 당신은 분명 그를 위로하며 세상을 다른 관점에서 보라고 충고할 것이다. 그런데 당신은 왜 당신 자신에게는 그런 소중한 친구가 될 수 없는가? 그렇다. 나는 진지하게 조금은 자신을 사랑하고 자기 자신과 사이좋게 지낼 필요가 있다고 말하고자 한다. 무슨 일이든 처음의 태도에 달려 있기 때문이다. 한 옛 작가가 이렇게 말했다. 모든 사건에는 두 개의 손잡이가 있는데, 잡았을 때 다치게 하는 쪽 손잡이를 선택하는 것은 현명하지 못하다고 말이다. 일반적으로 매번 가장 좋은 말, 사람의 힘을 가장 돋워주는 말을 선택하는 사람을 철학자라고 부른다. 이것은 정곡을 찌르는 말이다. 따라서 중요한 것은 자기 자신에 반해서가 아니라 자기 자신을 위해서 변호하는 일이다. 우리 모두가 너무 훌륭한, 너무 설득력 있는 변호인이므로, 우리가 이 길을 선택하기만 하면 만족할 수 있는 충분한 이유를 발견할 수 있을 것이다. 내가 관찰한 바로는, 사람들이 자신들의 일에 대해 불평하는 것은 조금 소홀한 탓이며 또한 약간의 예의 때문이기도 하다. 만일 그들이 참고 견디며 하는 일이 아니라 자진해서 하는 일이나 손수 고안해낸 것에 대해 말을 하게 된다면, 그들은 시인, 그것도 명랑한 시인이 될 것이다.

가랑비가 내리고 있다. 당신은 길에 있다. 우산을 편다. 그것으로 충분하다. "아직도 구질구질하게 비가 오네!"라고 말을 한다고 해서 무슨 소용이 있겠는가! 그런다고 빗방울이나 구름이나 바람이 어떻게 되는 것은 아니다. 그런 말 대신에 왜 "오! 근사한 비네!"라고 말하지 않는가? 당신이 하는 말을 내가 들었다. 이렇게 말한다고 해서 빗방울이 어떻게 되는 것은 아니다. 그건 사실이다. 하지만 이렇게 말하는 것이 당신에게 좋을 것이다. 분명 당신의 몸 전체가 흔들리고 정말로 따뜻해질 것이다. 아주 사소한 것이지만 그런 것이 기쁨의 동작이 가져다주는 효과이기 때문이다. 또 그렇게 하면 비를 맞아도 감기에 걸리지 않을 것이다.

그리고 사람도 비처럼 여길 일이다. 당신은 그것이 쉬운 일이 아니라고 말할 것이다. 하지만 그렇지 않다. 비에 비해 훨씬 쉽다. 당신의 미소가 비에는 아무런 소용이 없지만 사람에게는 큰 영향을 주기 때문이다. 그리고 미소를 흉내만 내도 벌써 사람들의 슬픔이나 고민은 줄어든다. 만일 당신이 당신 내부를 들여다보면 그들을 위한 변명을 찾아주기는 쉽다는 것은 여기서 언급하지 않겠다. 마르쿠스 아우렐리우스는 아침마다 이렇게 말했다. "오늘도 나는 허영심이 강한 자, 거짓말하는 자, 부정한 자, 귀찮은 수다쟁이들을 만나게 된다. 그들이 그런 것은 무지하기 때문이다." (1907년 11월 4일)

64. 흥분

전쟁도 정념과 마찬가지다. 지나친 분노는 그것을 정당화하기 위해 사람들이 부여한 원인, 가령 이해관계의 충돌, 경쟁, 원한 등으로는 절대 설명되지 않는다. 유리한 상황이 있다면, 그건 항상 비극이 일어나는 것을 막을 수 있다. 논쟁, 싸움, 살인 등은 종종 우연히 일어날 수 있다. 한 집단에 속해 있지만, 도저히 싸움을 피할 수 없는 두 사람이 모종의 큰 이익 때문에 오랫동안 멀리 떨어진 도시에 따로따로 살게 됐다고 가정해 보자. 이 경우에 이성으로는 도저히 정립 불가능한 평화가 아주 간단하게 이루어진다. 모든 정념은 기회의 딸이다. 만일 위의 두 사람이 하숙인과 문지기처럼 매일 얼굴을 대한다면, 이 두 사람의 처음 대면이 불화의 원인이 되고, 또 불쾌나 분노의 충동이 더욱 큰 불쾌와 분노를 일으키는 동기가 될 것이다. 이렇게 해서 처음의 원인과 마지막의 결과 사이엔 터무니없는 불균형이 생기게 된다.

어린아이가 울거나 소리 지르면 그가 전혀 생각지도 못했던 순전히 육체적인 현상이 일어나고 있는 것이다. 부모나 교사는 이 점에 주의를 기울여야 한다. 어린아이의 고함은 아이 자신에게 고통을 주고 더 신경질이 나게 한다. 다그치거나 호통을 치면 사태는 더 나빠진다. 분노를 키우는 것은 분노 그 자체이다. 따라서 그럴 때는 단순하게 만져준다든가 시야를 바꾸어 주는 것과 같은 육체적인 움직임이 필요하다. 이 경우 어머니들 대부분은 어린아이를 안고 거닐거나, 쓰다듬어 주거나, 조용히 흔들어 주거나 하는 지혜를 발휘한다. 사람들은 경련을 마사지로 치료한다. 그런데 어린아이의 분노든 누구의 분노든 간에, 분노는 근육의 경련 상태이기 때문에 옛사람들이 말했듯이 체조와 음악으로 치료할 필요가 있다. 하지만 분노의 발작이 일어나면 아무리 훌륭한 논의도 아무런 소용이 없고 또 때로는 해롭기까지 하다. 왜냐하면 분노를 자극하는 모든 것을 상상력으로 하여금 다시 떠올리게 하기 때문이다.

이런 고찰을 통해 전쟁이 왜 항상 무서운 것이며 또 그것을 피하는 방법이 무엇인지 이해할 수 있다. 전쟁이 항상 무서운 것은 바로 흥분 때문이다. 흥분이 커지면 아주 사소한 이유 때문에라도 전쟁이 일어날 수 있다. 흥분이 조금도 섞이지 않으면 이유야 어찌됐든 전쟁은 피할 수 있다. 따라서 시민들은 아주 간단한 이 법칙을 주의 깊게 생각해볼 필요가 있다. 왜냐하면 그들은 의기소침해서 이렇게 생각하기 때문이다. "나같이 별 볼일 없는 사람이 유럽의 평화를 위해 뭘 할 수 있단 말인가? 매순간 새로운 분쟁의 원인이 발생한다. 날이 갈수록 해결하기 어려운 문제가 나타난다. 이쪽에서 한 문제가 해결되면 저쪽에서 또 다른 위기가 나타난다. 얽힌 실타래처럼 풀려고 하면 더 얽힐 뿐이다. 운명에 맡기는 수밖에 없다. 그렇다. 하지만 수많은 실례가 보여주듯이, 운명의 필연은 전쟁의 길로 나아가지 않는다. 모든 것은 정리되고 또 어지럽혀진다. 나는 영국의 공격에 대비해 브르타뉴 해안을 지키는 것을 본 적이 있다. 불길한 예언자들의 예언에도 불구하고, 그 쪽에서는 전혀 전쟁이 일어나지 않았다. 하지만 진짜 위험한 것은 흥분이다. 흥분하게 되면 각자가 자기 자신의 왕이 되고, 자기 자신의 격정의 지배자가 된다. 흥분은 많은 시민들이 그 행사 법을 배워야 하는 거대한 권력이다. 현자가 말한 것처럼 먼저 행복해라. 행복이란 평화의 열매가 아니라 평화 그 자체이니까. (1913년 5월 3일)

65. 에픽테토스

"그릇된 의견을 버리게. 그러면 자네는 자네의 불행을 없앨 수 있네." 에픽테토스는 이렇게 말하고 있다. 오래전부터 레지용 도뇌르 훈장을 고대했는데 아직도 받지 못한 것을 생각하면서 잠을 못 이루는 사람에게는 이 충고가 아주 적절하다. 훈장에 달린 한 조각의 붉은 리본에 너무 큰 힘을 부여하기 때문이다. 이리본을 있는 그대로의 사소한 비단 천, 사소한 붉은 천이라고 생각하는 사람이라면 그 때문에 마음이 동요되지는 않을 것이다. 에픽테토스에게는 이와 같은 예가 많이 있다. 이 친절한 친구는 우리의 어깨를 붙잡고 이렇게 말한다. "자네가 슬픈 건 서커스 극장에서 자네가 원하던 자리, 자네 자리라고 생각했던 자리에 앉지 못했기 때문이네. 이리로 오게. 서커스 극장은 지금 비어 있네. 이리 와서 이 멋진 돌을 한 번 만져 보게. 앉을 수도 있네." 어떤 공포건, 어떤 격한 감정이건 간에 치유법은 같다. 사태를 향해 똑바로 가서 그것이 무엇인지를 볼 필요가 있는 것이다.

에픽테토스가 배의 승객에게 말한다. "자넨 마치 이 넓은 바다를 모두 삼켜야 할 것처럼 이 태풍을 두려워하네. 그러나 이 보게, 자네를 익사시키는 데는 두 되의 물만으로도 충분하다네." 그는 무서운 풍랑이 진짜 위험을 그대로 보여주지 않고 있음을 확신하고 있다. 사람들은 이렇게 말하기도 하고 생각하기도 한다. "성난 바다, 심연에서 나오는 소리, 출렁대는 파도, 위협, 폭풍우." 그런데 이것들은 결코 사실이 아니다. 이것들은 중력에 의한 동요, 조류, 그리고 바람일 뿐이다. 거기에 결코 나쁜 운명이 있는 것은 아니다. 당신을 죽이는 것은 이런 소리나 움직임이 아니다. 숙명도 아니다. 난파당하더라도 구조될 수 있고, 고요한 물에 빠져 죽을 수도 있다. 중요한 문제는 당신이 물 위로 머리를 내놓을 수 있느냐 하는 것이다. 언젠가 이런 이야기를 들은 적이 있다. 훌륭한 선원들이 암초에 가까이 갔을 때 눈을 감고 작은 배 안에 누워 있었다는 것이다. 그러니까 과거 사람들에게서 들은 말이 그들을 죽인 것이다. 해변에 떠밀려 온 그들의 시체는 그릇된 의견을 보여주는 증거가 됐다. 단순히 바위나 조류나 역조逆潮, 요컨대 서로 연결돼 있고 완전하게 설명할 수 있는 어떤 힘에 대해 생각할 수 있는 사람이라면, 모든 공포나 불행에서 벗어날 수 있을 것이다. 뭔가를 하는 이상, 사람은 한 번에 한 가지 위험밖에는 보지 못하는 법이다. 숙련된 결투사는 조금도 겁내지 않는다. 왜냐하면 자기가 하는 행동과 상대방이 하는 행동을 분명하게 보기 때문이다. 하지만 운명에 몸을 맡긴다면 그를 노리고 있던 불길한 시선이 칼보다 먼저 그를 꿰뚫을 것이다. 그리고 이런 공포는 불행보다 더 나쁘다.

신장 결석으로 외과의사에게 몸을 맡긴 사람은 개복수술을 하고 피가 많이 흐르는 것을 상상한다. 하지만 의사는 그렇지 않다. 의사는 세포 하나도 잘라내지 않을 것이라는 점, 단지 세포군에서 약간의 세포를 떼어 거기에 통로를 만들려고 한다는 점, 피가 약간 흘러 세포를 적시기는 하겠지만 서투르게 치료한 손의 상처만큼도 못하리라는 점 등을 알고 있다. 의사는 이들 세포의 진짜 적이 무엇인지를 알고 있다. 그리고 이 적에 대항하는 세포들은 메스에 대해서도 저항하는 긴밀한 조직을 형성하고 있다. 의사는 세균, 즉 그 적이 생리적인 배설의 길을 막고 있는 이 결석으로 보호되고 있음을 알고 있다. 의사는 자기의 메스가 죽음이 아니라 삶을 가져오는 것임을 알고 있다. 의사는 살짝 베인 상처는 상처를 입음과 동시에 금방 낫는 것처럼, 적을 내쫓으면 모든 것이 금방 되살아난다는 것을 알고 있다. 만일 환자가 이와 같은 생각을 하고 그릇된 의견을 버린다면, 비록 그로서 결석이 치유되는 것은 아니라 하더라도 최소한 공포는 치유될 것이다. (1910년 12월 10일)

66. 스토아 학파

사람들은 그 유명한 스토아학파 학자들을 오해했던 것 같다. 마치 그들이 오직 전제 군주에 저항해 형벌을 무시하라고 가르쳤을 따름이라고 말이다. 나는 그들의 남자다운 지혜가 비나 태풍에도 여러모로 쓸모가 있다는 점을 인정한다. 주지하다시피 그들의 사색은 다음과 같이 말하면서 몸과 고통스러운 감정을 분리하고, 몸을 단순한 물건으로 여기기 위한 동작으로 이루어진다. "몸, 너는 물건이다. 나하고는 상관이 없다." 이와는 반대로 태연하게 의자에 앉아서 지내는 왕의 생활방식을 전혀 모르는 사람들은 다음과 같이 말하면서 태풍을 그들의 내부로 불러들인다. "멀리서 폭풍우가 밀어닥칠 것 같다. 초조하면서도 한편으론 마음이 우울하다. 차라리 천둥이나 울려라!" 이것은 지나치게 생각이 많은 동물의 생활방식이다. 왜냐하면 식물이 햇빛 아래에서 시들고 그늘에서 되살아나는 것과 마찬가지로, 동물은 닥쳐올 태풍에 의해 완전히 그 모양이 변하기 때문이다. 하지만 동물은 이런 것을 잘 모른다. 이와 마찬가지로 우리도 반수 상태에서는 자기가 즐거운지 슬픈지 모른다. 이와 같은 마비 상태는 사람에게도 좋은 것이고, 가장 큰 고통 속에서도 늘 마음을 안정시켜 준다. 물론 여기에는 불행한 자가 완전히 긴장을 풀어야 한다는 조건이 따른다. 나는 긴장을 푼다는 것을 글자 그대로의 의미에서 말하고 있다. 손발이 충분히 유연하고 또 모든 근육이 풀어져 있어야 한다. 이것들을 한꺼번에 쉽게 하는 방법이 한 가지 있다. 그것은 일종의 내부 마사지이며, 분노, 불변, 불안 등의 원인인 경련과는 반대되는 것이다. 나는 잠을 이루지 못하는 사람들에게 기꺼이 이렇게 말해준다. 축 늘어진 고양이 같은 자세를 취하라고 말이다.

지금 만일 에피쿠로스적 덕의 진수인 이와 같은 동물의 상태에 이르지 못한다면, 그땐 분연히 일어나 스토아학파적 덕의 높이까지 튀어 올라야 한다. 이 둘은 모두 좋지만, 그 중간에 있는 것은 아무런 가치가 없기 때문이다. 태풍이나 빗속으로 뛰어들 수 없다면, 그땐 태풍이나 비를 밀어젖혀 자기 자신을 그것들과 분리하고는 이렇게 말해야 한다. 이것은 비나 태풍이지 내가 아니라고 말이다. 물론 부당한 비난이나 기만 또는 질투가 문제시되는 경우에 사태는 더 어려워진다. 이와 같은 좋지 않은 것들은 우리에게 꼭 달라붙는다. 하지만 끝에 가서는 이렇게 말해야 한다. "그렇게 속았으니까 내 마음이 슬픈 것은 이상하지 않다. 비나 바람처럼 자연스러운 것이다." 이런 충고는 감정에 예민한 사람들을 화나게 한다. 그들은 스스로에게 책임을 지우고, 자신을 스스로 얽어매며, 자신들의 고통을 쓰다듬는다. 나는 그들을 바보처럼 울어대다가 자기가 바보라는 것을 알고 화가 나서 더 울어대는 어린이와 비교한다. "어, 뭐야? 어린아이가 울고 있을 뿐이야."라고 말하면 그 어린아이는 스스로 해방될 수 있다. 하지만 그 어린아이는 아직 세상사는 방법을 알지 못한다. 게다가 사는 방법이라는 것은 거의 알려지지 않았다. 내 생각에는 행복의 비결 중 하나는 자기 자신의 불쾌감에 대해 무관심해지는 것이다. 불쾌감이라는 것은 상대해주지 않으면, 마치 개가 개집으로 돌아가는 것처럼 동물적인 생명력 속으로 떨어지게 마련이다. 내 의견으로는 이것이 바로 참다운 도덕의 가장 중요한 부분 중 하나이다. 자기의 잘못, 자기의 회한, 반성에 따르는 모든 비참함으로부터 자신을 분리해야 한다. "이 분노는 알아서 사라진다."고 말해야 한다. 그러면 어른들이 듣지 않으면 울음을 그치는 어린아이와 마찬가지로, 분노도 어느새 사라질 것이다. 머리가 좋았던 조르주 상드는 이런 훌륭한 영혼을 『콩쉬엘로』에서 잘 보여주고 있다. (1913년 8월 31일)

67. 너 자신을 알라

나는 어제 한 광고에서 이런 내용을 읽었다. "위대한 비결. 인생에 성공하고 다른 사람들의 마음을 움직여서 이를 유리하게 이용하는 확실한 방법. 누구나 가질 수 있는 생명의 액체. 하지만 그 사용법을 아는 분은 고명한 × 선생 한 분뿐. 교습료는 단 10프랑. 장차 사업에 실패하는 자는 이 10프랑을 치르지 못했기 때문이라고 말할 것이다, 등등." 이 몇 줄의 광고를 신문사에서 무료로 실어 주었을 리는 없고, 결국 이 생명의 액체를 파는 이 고명한 선생에게는 제법 고객이 있었던 모양이다.

이 점에 대해 생각하다가 문득 이 고명한 선생은 틀림없이 본인이 생각하는 것 이상으로 용한지도 모른다는 생각이 들었다. 생명의 액체는 제쳐놓고라도 그는 대체 무엇을 하는 것일까? 만일 그가 사람들에게 약간의 신뢰감을 준다면 그것만으로도 벌써 대단한 일이다. 그의 고객들은 여태까지 태산처럼 끄떡도 않는 것으로 알았던 사소한 어려움을 충분히 이겨낼 수 있을 것이다. 소심은 큰 장애물이자 유일한 장애물인 경우가 있다.

하지만 나는 그 이상을 본다. 내가 보는 바로는 그는 아마 자기도 모르게 고객들의 관심을 주의, 반성, 질서, 방법 등으로 유도해 갈 것이다. 생명의 액체를 뿌릴 때에도 그는 고객으로 하여금 누군가를, 또는 어떤 사물을 집요하게 상상하게 하는 것이리라. 그 고명한 선생은 고객들을 조금씩 유도해 집중할 수 있게 만들 것이다. 단지 그것만으로도 그는 돈을 번 것이다. 우선 사람들은 이 방법을 쓰면 자신의 일, 즉 자기의 과거, 실패, 피로, 위장 상태 등을 생각하지 않게 되기 때문이다. 그리고 그렇게 하면 그들은 시시각각으로 늘어나던 무거운 짐을 벗어 던지게 된다. 얼마나 많은 사람이 쓸데없는 불평을 하면서 자신들의 생활을 낭비하는가! 그다음으로 그 고명한 선생에 의해 사람들은 자기들이 바라는 것, 주변 상황, 사람들을 진지하게, 또 모든 것을 뒤섞어버리거나 되씹어 반복하지 않고 명확하게 생각하게 된다. 그런 뒤에 그들에게 성공이 찾아온다는 것은 그다지 놀라운 일이 아니다. 우연이 그 고매한 선생에게 유리하게 작용한 수도 있겠으나, 나는 지금 그것을 고려하지 않는다. 그렇다면 반대로 불운으로 작용하는 우연에 대해서는 어떻게 말해야 할 것인가? 일반적으로 누구나 자기에게 적이 있다고 생각한다. 그로 인해 오해가 생겨난다. 사람이란 결코 변함없는 완벽한 존재가 못 된다. 사람은 친구를 만들기보다는 더 공들여서 적을 만드는 것이 보통이다. 당신은 저 사람은 악의를 품고 있다고 생각하고 있다. 그쪽에서는 그런 일을 이미 잊어버리고 있다. 하지만 당신은 그것을 조금도 잊지 않고 있다. 다만 당신은 당신의 얼굴을 통해 그에게 의무를 생각하게 한다. 사람에게는 자기 자신을 제외하고는 적이 거의 없다. 자신의 잘못된 판단으로, 자신의 부질없는 걱정으로, 자신의 절망으로, 자기 자신에게로 돌리는 비관적인 언동으로 인간은 자기 자신에게 항상 최대의 적이다. 어떤 사람에게 "당신의 운명은 당신에게 달려 있다."라고 충고하는 것만으로도 충분히 10프랑의 가치가 있다. 게다가 거기에 생명의 액체까지 곁들여져 있다.

소크라테스 시대에 델포이에는 아폴론의 계시를 받아 모든 일에 대한 조언을 파는 무녀가 있었다. 하지만 신은 생명의 액체를 파는 상인보다 정직했으므로 그 비결을 신전의 정면에 기록해 놓았다. 그래서 사람들이 운명을 물으러 가면 신전 안으로 들어가기 전에 만인에게 유익한 의미 깊은 신탁을 읽을 수 있게 되었다. "너 자신을 알라." (1909년 10월 23일)

68. 낙관주의

순진한 여자 기숙생들이 길을 잘못 들어 남의 밭에 들어갔다가 누군가가 오는 걸 보고 몹시 걱정돼 이렇게 말했다. "제발 저 사람이 밭을 지키는 파수꾼이 아니길!" 나는 이 바보 같은 행동을 몇 번이고 생각해 본 끝에 겨우 인간적으로 이해할 수 있었다. 이 경우에는 모든 것이 혼란에 빠져 있다. 그녀들의 생각보다는 말에 더 큰 혼란이 있다. 이런 일은 생각하는 것보다 말하는 것을 먼저 배운 우리에게 흔히 일어난다.

이 일화가 생각난 것은 꽤 영리한 어떤 사람이 "그 조작된 낙관주의, 그 맹목적인 기대, 자기기만"에 대해 발을 구르며 반대하고 나섰을 때였다. 그 사람은 바로 이 책의 필자인 알랭을 지목하고 있었던 것이다. 이 지나치게 소박해 거의 야만인에 가까운 알랭이라는 철학자는 명백한 근거에도 다음과 같은 소리를 지껄이기 때문이라는 것이다. 인간이란 스스로 정직하고 겸손하고 사리를 잘 분간하고 애정이 넘쳐흐른다고, 평화와 정의는 손에 손을 맞잡고 우리에게 찾아온다고, 군인의 덕은 전쟁을 뿌리 뽑는 것이라고, 선거인은 가장 훌륭한 사람을 선출할 것이라고 말이다. 그래서 알랭은 아무 소용없는 신앙인과 같은 위로의 말을 하는 사람이라고 말이다. 이것은 마치 산책 나가던 사람이 현관에서 이렇게 말하는 것과 같다. "이렇게 잔뜩 구름이 낀 것을 보니 산책도 틀렸군. 제발 비나 오지 말았으면 좋겠는데." 구름이 더 끼는 것을 걱정하는 것보다 차라리 우산을 가져가는 편이 좋을 것이다. 그 사람은 나를 이처럼 조롱했다. 하지만 나는 그것을 웃어넘겨 버렸다. 그 사람의 추리는 외관상 그럴듯하게 보이지만, 실은 얄팍한 무대장치에 불과하기 때문이다. 또 나는 곧바로 우리 집의 투박한 벽을 내 손으로 직접 만져보았기 때문이다.

미래에는 저절로 이루어지는 미래와 사람들이 만들어가는

미래가 있다. 그런데 참된 미래는 이 두 가지로 이루어진다. 폭풍우나 일식과 같이 저절로 이루어지는 미래에 대해서 희망을 품어보았자 아무 소용이 없다. 냉정한 눈으로 보고 파악해야 한다. 안경알을 닦는 것처럼, 눈을 가리는 정념의 안개를 걷어내야 한다. 그것도 잘 해야 한다. 우리가 변화시킬 수 없는 하늘의 일들은 지혜의 대부분을 이루는 체념과 기하학적 정신을 가르쳐준다. 하지만 이 지상의 일에서는 부지런한 인간의 손으로 얼마나 많은 변화가 이루어졌는가! 불, 보리, 배, 훈련된 개, 길든 말...... 만일 지식이 희망을 말살시켰더라면 인간은 결코 이런 것들을 만들어내지 못했을 것이다.

특히 신념이 중요한 인간 세상에서는 자기 자신을 신뢰하지 않으면 남을 신뢰할 수도 없다. 스스로 쓰러질 것 같다고 생각하면 쓰러지고 만다. 아무것도 못한다고 생각하면 아무것도 못하게 된다. 희망에 속을 거로 생각하면 정말로 희망에 속게 된다. 이 점에 유의하라. 나 자신이 맑은 날씨나 폭풍우를 만들어내는 것이다. 우선 내 속에서, 내 주변에서, 그리고 인간 세계에서 그것들을 만들어내는 것이다. 희망도 그렇지만 절망도 역시 구름이 변하는 것보다 더 빨리 이 사람에게서 저 사람에게로 이동하기 때문이다. 만일 내가 어떤 사람을 신뢰하면 그는 정직해지고, 만일 내가 그를 비난하면 그는 내 것을 훔치게 된다. 이쪽에서 취하는 태도에 따라 그들의 태도가 달라지는 것이다. 희망은 평화와 정의와 같이 인간이 스스로 만드는 것 위에 구축되기 때문에 의지에 의해서만 보존된다는 사실을 잘 생각해 보라. 이와는 반대로 절망은 현재 있는 그대로의 힘으로 자리 잡고 강해진다. 이상과 같은 고찰을 통해 비로소 종교에서 구제해야 할 것, 그리고 종교가 상실한 것, 즉 아름다운 희망이 구제되는 것이다. (1913년 1월 28일)

69. 매듭을 풀다

어제 어떤 사람이 나를 몇 마디로 판단해 "지독한 낙관주의자"라고 말했다. 그가 이 말을 다음과 같은 뜻으로 이해했다면 분명 오해를 한 것이다. 나 스스로 내가 타고난 낙관주의자인 것을 만족스럽게 생각하지만, 그것은 기분 좋은 환상에 불과하며 진실과는 거리가 멀다고 말이다. 이것은 현재 있는 것과 앞으로 그렇게 됐으면 하는 것을 혼동하는 것이다. 사람이 손을 써볼 여지도 없이 의당 존재하는 것이라면 비관주의는 틀림없는 진리이다. 그도 그럴 것이 인간사의 모든 흐름은 그대로 내버려두면 곧 나빠지기 때문이다. 가령 자기의 불쾌감에 몸을 내맡기는 사람은 곧 불행해지고 심술궂은 자가 된다. 이것은 우리 몸의 구조상 불가피한 일이다. 우리의 몸은 감시나 통제를 하지 않으면 즉시 나쁜 방향으로 나아가게끔 돼 있다. 한 무리의 아이들을 보라. 규칙이 정해진 놀이가 아니면 곧 엉망이 돼 난폭한 짓을 하게 된다. 여기에서 자극은 곧 흥분된다는 생물학적 법칙이 드러난다. 시험 삼아 아이와 손뼉 치는 놀이를 해보라. 아이는 그 행동에 재미를 붙여 거의 광적으로 놀이에 몰두할 것이다. 어린 소년에게 말을 시키고 조금 칭찬해 보라. 그 소년은 수줍음을 극복하자마자 많은 말을 하게 될 것이다. 이 교훈에 당신은 얼굴을 붉힐 수도 있다. 왜냐하면 이것은 모든 사람에게 좋은 교훈인 동시에 쓰디쓴 교훈이기도 하기 때문이다. 누구나 절제하지 않고 말을 하다 보면, 곧 엉뚱한 말을 하게 되고, 그렇게 해서 자신의 성격을 저주하고, 또 자신에 대해 절망하게 된다. 이 점을 염두에 두고 흥분한 군중을 생각해 보라. 그러면 당신은 그들에게서 가능한 한 모든 바보 같은 짓과 가능한 한 모든 악을 예상하게 될 것이다. 이것은 분명한 사실이다.

하지만 악의 원인을 알고 있는 사람은 저주하거나 절망하지 않는 법을 배우게 된다. 어떤 종류의 일이건 처음에는 서툴 수밖에 없다. 운동으로 단련돼 있지 않은 몸은 제멋대로 움직여, 그림이든, 검도든, 승마든, 대화든 삽시간에 흐트러져 목표에서 벗어나기 쉽다. 이것은 놀라울 정도이고, 따라서 비관주의가 옳다는 생각이 들기도 한다. 하지만 사물은 원인부터 이해해야 한다. 여기서 생각해보아야 할 주안점은 바로 모든 근육 사이의 연결이다. 이것은 하나의 근육이 움직이면 그것과 협력하는 근육만이 아니라 다른 모든 근육을 일깨워 움직이게 한다는 것을 의미한다. 서투른 사람은 아주 간단한 운동에도 몸 전체의 무게를 싣게 된다. 못을 하나 박는 간단한 일에도 누구나 처음에는 서툴기 마련이다. 하지만 훈련을 통해 습득할 수 있는 기술에는 한계가 없다. 모든 예술과 모든 직업이 이를 입증해 준다. 그리고 몸짓의 흔적에 불과한 데생도 이것이 아름다운 경우에는 다른 무엇보다 명백한 증거가 된다. 몸 전체의 무게가 실려 무겁고 초조하고 신경질적인 손도 겸손하고 순화된 저 경쾌한 선을 그릴 수 있기 때문이다. 또 고함을 질러 목을 상하게 한 바로 그 사람이 노래를 부르기도 하는데, 이는 누구나 떨리기도 하고 오므라들기도 하는 한 덩어리의 성대 근육을 부모로부터 물려받았기 때문이다. 필요한 것은 매듭을 푸는 일이다. 그런데 이것은 사소한 일이 아니다. 누구나 분노나 절망은 극복해야 할 첫 번째 적이라는 사실을 잘 알고 있다. 필요한 것은 믿고 기대하고 미소 짓는 것, 그리고 이와 더불어 일을 하는 것이다. 이처럼 불굴의 낙관주의를 규칙 중의 규칙으로 택하지 않으면, 얼마 지나지 않아 가장 어두운 비관주의가 진리처럼 되는 것이 바로 인간의 조건이다. (1921년 12월 27일)

70. 참을성

나는 기차를 타려고 할 때 항상 이런 말을 듣는다. "몇 시가 돼서야 도착하겠군요. 아주 멀고도 지루한 여행이 되겠는데요!" 곤란한 것은 그들이 이것을 믿고 있다는 것이다. 이런 시각에서 보면, "잘못된 판단을 버려라. 그러면 악이 제거될 것이다."라고 말한 스토아주의자의 말은 열 배나 옳은 것이다.

관점을 달리해서 보면 기차 여행은 가장 생생한 쾌감을 주는 일이 될 수 있다. 하늘과 땅의 색깔, 지평선 끝을 중심축으로 해 커다란 수레바퀴가 돌듯이 스쳐 지나가는 사물들, 이 모든 것이 파노라마처럼 열리고 또 그와 같은 광경을 차창을 통해 볼 수 있다는 것을 알려 준다면, 모든 사람이 다 그것을 보길 원할 것이다. 그리고 만일 발명가가 기차의 진동이나 여러 소음만 없애준다면 기차 여행은 더욱 멋지게 보일 것이다.

그런데 우리는 기차에 오르자마자 이와 같은 놀라운 것들을 공짜로 가질 수 있다. 그렇다. 공짜이다. 당신이 지불한 것은 운임이지 골짜기, 강, 산 등을 구경하기 위한 비용이 아니지 않은가. 인생은 이와 같은 생생한 기쁨들로 가득 차 있다. 한 푼도 들이지 않고 이 기쁨들을 얻을 수 있는데도 사람들은 그것을 충분히 즐기지 못한다. 다음과 같은 문구를 세계 각국의 언어로 써서 곳곳에 붙여야 할 정도이다. "눈을 뜨고 즐거움을 만끽하라."

당신은 이렇게 대답할 것이다. "나는 여행자이지 구경꾼이 아니오. 중요한 일 때문에 가능하면 빨리 이곳저곳을 가야 하오. 나는 그 일만을 생각하고 있소. 나는 시간과 바퀴의 회전을 세고 있소. 기차가 멎거나 게으른 종업원이 열의 없이 트렁크를 운반하는 것을 보면 화가 나오. 나는 머릿속에서 내 트렁크를 밀고 있소. 기차도 밀고 있소. 시간까지도 밀고 있소. 당신은 그것을 어리석은 짓이라고 말할지 모르겠소. 하지만 인간이 약간의 혈기라도 남아 있는 한 이것은 당연하며 불가피한 일이라는 것이 내 생각이오."

분명 혈기가 있다는 것은 좋은 일이다. 하지만 지상에서 승리를 획득한 동물은 가장 성급한 동물이 아니었다. 그것은 사리를 분별할 줄 아는 동물, 가장 적절한 시기를 위해 정념을 보류할 줄 줄 아는 동물이었다. 따라서 무서운 검술사는 발로 마룻바닥을 구르며 자기가 어디로 가는지도 모르면서 나서는 사람이 아니다. 그 자는 길이 열리기를 기다렸다가 제비처럼 날쌔게 통과하는 냉철한 사람이다. 이와 마찬가지로 당신이 잘 행동하는 것을 배우고자 한다면 기차를 밀어서는 안 된다. 당신이 그렇게 하지 않아도 기차는 가게 마련이다. 우주 전체를 한꺼번에 시시각각으로 끌고 가는 저 당당하고 태연한 시간을 밀어서는 안 된다. 사물은 당신이 눈짓만 주어도 당신을 붙잡아 운반해 간다. 자기 자신에게 친절하며 자기의 친구가 되는 법을 익혀야 한다. (1910년 12월 11일)

71. 친절

"누군가에 대해 만족한다는 것은 얼마나 어려운가!" 라 브뤼예르의 이 가혹한 말만으로도 우리는 신중해지지 않으면 안 된다. 왜냐하면 상식적으로 누구나 실제 사회생활에 적응해야 하고, 또 사람을 비난하는 것은 옳지 않기 때문이다. 이것은 인간 혐오자의 광기이다. 따라서 나는 원인을 알아보려고도 하지 않고, 마치 입장료를 냈으니 자기를 기쁘게 해주길 바라는 구경꾼처럼 나는 다른 사람들을 유심히 관찰하는 행동을 삼간다. 이와는 반대로 나는 오히려 힘든 삶을 살 때의 보통 일을 떠올리면서 미리 최악의 상황을 생각한다. 대화 상대자가 위통을 앓거나 두통을 앓고 있을 것으로 생각한다. 아니면 돈 걱정이 있거나 부부싸움을 했을 거로 생각한다. 나는 혼자 생각한다. 미심

쩍은 하늘 회색과 푸른빛이 뒤섞인 3월의 하늘, 반짝하고 마는 햇빛, 차가운 북풍. 나는 털외투와 우산을 들고 나간다.

　좋다. 하지만 이 점에 대해서는 다음과 같이 생각하는 것이 더 나을 것이다. 살짝만 건드려도 벌벌 떨고 항상 움츠러들고, 또 그러면서도 작은 일에 흥분하고, 자세나 피로나 외부의 작용에 따라 동작과 표현을 바꾸는 것이 바로 인간의 불안한 몸이라고 말이다. 하지만 내가 가질 권리가 있다고 생각되는 안정된 감정이나 존경심이나 유쾌한 화제 등을 축복의 꽃다발처럼 나에게 가져다주는 것도 역시 그 몸이다. 그런데 남에게는 그처럼 주의를 기울이는 내가 나 자신에 대해서는 절대로 그렇지 않다. 나는 기계적인 동작이나 눈살을 찌푸리며 알지도 못하는 메시지를 건넨다. 햇빛이나 바람에 따라 얼굴이 변한다. 이렇게 해서 나는 타인에게, 내가 그에게서 발견하고서는 놀라게 되는 바로 그것, 즉 한 인간의 모습을 제공하는 것이다. 다시 말해 정신이라는 짐을 짊어지고 있는 동물의 모습이 그것이다. 이 동물은 항상 과대평가되거나 과소평가되기 일쑤인 동물이다. 또한 이 동물은 한 가지 신호를 전달하는 데도 열 개의 신호를 사용한다. 그러면서도 그중에서 어느 것을 선택해야 할지 몰라 몸 전체로 표시하는 동물이기도 하다. 나는 이 혼합물속에서 채금꾼처럼 돌이나 모래를 버리고, 아주 작은 사금이라도 가려내야 한다. 이것을 찾는 것이 내가 할 일이다. 자기가 듣는 남의 말을 채로 거르듯이 자기 말을 그렇게 하는 사람은 없다. 따라서 이 경우에 나는 예의에 따라 행동하게 된다. 하찮은 것은 버리고 상대방의 진실을 기다린다. 하지만 나는 여기서 사람들이 그다지 기대하지 않는 또 한 가지 효과에 주목한다. 즉 내가 친절을 베풀면 무장을 하고 거칠게 돌진해오던 저 겁쟁이의 마음이 즉시 녹아버리는 효과가 그것이다. 요컨대 구름처럼 왔다 갔다 하는 이 두 기분 중에서 어느 한 쪽이 먼저 미소를 보여줄 필요가 있다. 당신이 먼저 미소를 짓지 않으면 당신은 어리석은 사람이다.

사람들로부터 한 번이라도 나쁘게 평가되지 않은 사람은 없다. 또 한번이라도 좋게 평가되지 않은 사람도 없다. 그리고 인간의 본성은 남의 기분을 상하게 하는 것쯤은 조금도 두려워하지 않게 되어 있다. 그도 그럴 것이 용기를 북돋워 주는 흥분은 곧바로 소심함으로 이어지기 때문이다. 불쾌함을 느끼기 시작하면 사태는 더 악화한다. 하지만 이와 같은 사실을 이해한 이상 그런 처지에 빠지지 않도록 하는 것은 당신의 몫이다. 이것은 뜻밖의 경험이 될 것이므로 당신도 한 번 그렇게 해보길 권한다. 다른 사람의 기분을 통제하는 것은 자기의 기분을 통제하는 것보다 훨씬 쉬운 일이다. 그리고 상대방의 기분을 조심해서 존중

해주는 사람은 그렇게 함으로써 자기의 기분을 치유하는 의사이기도 하다. 춤에서와 마찬가지로 대화에서도 각자가 타인의 거울이기 때문이다. (1922년 4월 8일)

72. 욕설

만일 축음기가 당신을 향해 갑자기 욕설을 퍼붓는다면 당신은 웃어버릴 것이다. 만일 기분이 나쁜데도 거의 말을 하지 않는 어떤 사람이 그 불쾌감을 해소하기 위해 욕설을 퍼붓는 축음기를 틀어 놓았다면, 그 욕설이 우연히 기분을 상하게 하더라도 아무도 그 욕설이 자기를 겨냥한 것으로 생각하지 않을 것이다. 그런데 어떤 사람의 면전에서 욕을 한다면, 그것을 듣는 자는 누구나 그 욕이 미리 생각된 것이라고 느끼거나, 아니면 적어도 그 순간에 생각된 말이라고 느낄 것이다. 아무 생각 없이 불쑥 튀어나온 말의 의미나 정념의 웅변이 사람을 속이는 것이다.

데카르트가 그의 저서 중 가장 아름다우면서도 거의 읽히지 않은 『정념론』을 쓴 것은, 바로 인간기계가 그 모습과 습관에 따라서 얼마나 손쉽게 사고를 속이게 되는가를 설명하기 위해서였다. 이것은 우리에게도 그대로 적용된다. 왜냐하면 잔뜩 화가 났을 때 우리는 우선 육체적인 흥분에 잘 들어맞는 것들을 상상하기 때문이다. 게다가 그것이 격렬하면 그만큼 더 좋은 증거이기도 하다. 그리고 이와 동시에 우리는 명배우의 연기처럼 우리 자신을 감동하게 하는 격한 억양의 그럴듯한 말들을 종종 만들어 낸다. 다른 사람이 흉내를 내 화를 내거나 말대꾸라도 하면 그때는 그야말로 큰 비극이 발생한다. 그런데 이 경우에 사고思考는 말의 뒤를 따라갈 뿐 앞서 가지 않는다. 연극의 진실이란 분명 등장인물들 자신들이 말하는 것을 줄곧 반성한다는 점에 있다. 그들의 대사는 신탁과도 같다. 그들은 그 말의 의미를 찾고 있는 것이다.

금실 좋은 부부 사이에는 짜증이 나서 무심코 내뱉은 말이 뜻밖에 아주 우스운 이야기가 되는 경우가 종종 있다. 이처럼 즉흥적인 말을 웃어넘길 줄 알아야 한다. 하지만 대부분의 사람은 이런 감정의 자동장치를 전혀 모른다. 그들은 호머의 영웅들처럼 모든 것을 소박하게 받아들인다. 그 때문에 상상적이라고 불러야 할 증오가 생겨나는 것이다. 나는 증오를 품은 사람의 강한 확신에 감탄한다. 재판관은 미친 듯이 격분해 있는 증인의 말을 절대 듣지 않는다. 하지만 소송이 벌어지면 곧 사람은 자기 자신을 믿어버린다. 무엇이든 믿어버린다.

우리가 저지르는 오류 중 가장 놀라운 것은 오랫동안 숨기고 있던 생각이 분노를 통해 표출되는 것을 기다린다는 사실이다. 그것은 1천분의 1도 진실이 아니다. 인간은 자기가 생각하는 것을 말하기 위해서는 냉정하게 감정을 억제해야 한다. 이것은 분명하다. 그런데도 상대방의 답을 듣고 싶은 유혹이나 흥분이나 초조 때문에 그 사실을 곧잘 잊어버린다. 『적과 흑』에 등장하는 선량한 피라르Pirard 사제는 이와 같은 사실을 간파해 친구에게 이렇게 말하고 있다. "나는 종종 불쾌감에 사로잡히는 사람이네. 그래서 우리가 대화를 나누지 않게 될지도 모르겠네." 이보다 더 솔직할 수는 없다. 뭐라고? 만일 나의 분노가 축음기가 만들어내는 효과, 즉 담즙, 위장, 목구멍 등이 만들어내는 효과라면, 그리고 내가 그 사실을 잘 알고 있다면, 저 서투른 비극 배우가 한참 대사를 늘어놓고 있더라도 휘파람이라도 불 수는 없는 것일까?

아무 뜻도 없는 고함에 불과한 저주는 사람을 언짢게 하는 말을 하지 않으면서도 분노에서 해방되기 위해, 말하자면 본능적으로 발명된 것이라고 생각해야 할 것이다. 따라서 혼잡한 거리에서 고함을 지르는 마차꾼들은 그들 자신은 모르지만, 철학자라고 할 수도 있을 것이다. 하지만 이런 공포탄 중에는 이따금 부상을 입힐 수 있는 실탄實彈이 있을 수 있다. 어떤 사람이 나에게 러시아어로 욕을 한다면 나는 전혀 알아듣지 못한다. 그런데 만일 내가 러시아어를 알고 있다면 어떻게 될까? 실제로 모든 욕은 횡설수설이다. 이 점을 잘 이해해야 한다. 즉 욕에는 이해해야 할 것이 아무것도 없다는 점을 잘 이해해야 한다. (1913년 11월 17일)

73. 유쾌함

만일 내가 도덕론을 써야 한다면 모든 의무의 첫 번째 항목으로 유쾌함을 꼽을 것이다. 슬픔은 위대하고 아름답다, 현자는 자기 무덤을 파면서 죽음을 명상해야 한다, 나는 어떤 사악한 종교가 우리에게 이렇게 가르치는지를 알지 못한다. 열 살 때 나는 트라피스트 수도원에 간 적이 있다. 나는 그곳에서 수도사들이 매일 조금씩 무덤을 파는 걸 보았고, 살아있는 사람들의 교화를 위해 시체들이 족히 일주일이나 놓여 있는 장의용 예배당도 보았다. 이 음울한 광경이나 시체의 고약한 냄새는 꽤 오랫동안 나의 뇌리에 남아 있었다. 하지만 그들의 증명 방법은 지나친 것이었다. 내가 어떤 이유로, 언제 가톨릭을 떠났는지 지금은 잊었으므로 정확히 말할 수는 없다. 하지만 그 후로 나는 "그것이 인생의 참된 비밀이 될 수는 없다."고 생각했다. 나는 그 불쌍한 신부들에게 힘껏 반항했다. 그리고 마치 병에서 치유된 것처럼 그들의 종교에서 해방되었던 것이다.

하지만 어쨌든 나는 그 영향의 흔적은 가지고 있다. 우리 모두가 가지고 있다. 우리는 사소한 이유로 너무 쉽게 투덜거린다. 그리고 정말로 고통을 느끼는 상황이 되면 그 고통을 반드시 드러내려 한다. 이 점에 대해 일반적으로 성직자다운 그릇된 판단이 행해지고 있다. 눈물을 많이 흘리는 사람의 허물은 뭐든 다 용서해주고 싶어 한다. 따라서 무덤 주위에서 어떤 비극이 연출되는지를 잘 보아야 한다. 조사弔辭를 읽는 사람은 가슴이 미어지는 듯 말을 잇지 못한다. 옛날 사람들은 이런 우리를 가엾게 여길 것이다. 그리고 이렇게 생각할 것이다. "어떻게 된 일인가? 이래서는 어떠한 말도 위안이 되지 않는다. 인생을 위한 가르침이 못 된다. 다만 비극 배우에 불과할 뿐이다. 슬픔과 죽음의 선생에 지나지 않는다." 그리고 저 야만적인 '분노의 날Dies Irœ'에 대해서는 어떻게 생각할까? 아마도 이 찬미가를 비극의 노래로 바꿔 생각할 것이다. 그리고 이렇게 말할 것이다. "내가 저 슬픈 광경을 볼 수 있는 것은, 내가 고통에서 해방됐기 때문이다. 그것은 그대로 나에게 좋은 교훈이 된다. 하지만 참다운 고통이 나에게 닥칠 때, 남자답게 행동하고, 생명을 단단히 움켜쥐고, 적과 결투하는 용사와 같이 의지와 생명을 결합해 불행과 맞서고, 죽은 자에 대해 가능하면 우정의 기쁨을 가지고 말하는 것이 바로 내가 해야 할 일이다. 그런데 저들은 한결같이 절망의 눈물에 젖어 있다. 죽은 자가 그들을 본다면, 오히려 죽은 자 쪽에서 얼굴을 붉힐 것이다."

그렇다. 수도사들의 거짓을 물리친 후에 우리에게는 의연히 생명을 붙잡아야 하는 일이 남아 있다. 또한 비극적으로 과장된 말로써 자기 자신의 마음을 괴롭히거나 그것을 전염시켜 다른 사람들의 마음을 괴롭히는 일이 없도록 해야 할 것이다. 그리고 또 있다. 무슨 일이든 서로 연관돼 있기 때문에, 인생의 사소한 재난을 자주 입에 올리거나 남에게 보이거나 과장해서도 안 된다. 우리는 당연히 타인은 물론 자기 자신에게도 친절해야 한다. 남이 사는 것을 돕고, 자기 스스로 사는 것도 돕는 것, 이것이야말로 진정한 자비이다. 친절은 기쁨이다. 사랑은 기쁨이다.

(1909년 10월 10일)

74. 어떤 요법

자기들끼리 목욕, 샤워, 식이요법에 관한 이야기를 나눈 후에 한 사람이 말했다. "나는 2주 전부터 마음을 유쾌하게 하는 요법을 쓰고 있는데, 효과가 아주 크다네. 신경이 예민해지는 때가 있고, 이때 사람들은 매사를 신랄하게 비판하고, 무엇을 보아도 좋게 생각하지 않는 법이지. 남은 물론 자기 자신에 대해서도 마찬가지야. 상황이 이럴 때는 마음이 유쾌해지는 요법을 한 번 써볼 필요가 있네. 이 요법은 욕을 하고 싶어지는 모든 불행이나 보잘것없는 일에 대해 유쾌한 마음을 갖는 것이라네. 그렇게 하면 마치 언덕길이 다리를 튼튼하게 해주는 것처럼 많은 하찮은 일들이 오히려 유용해진다네."

또 한 사람이 말했다. "세상에는 욕설이나 불평을 하기 위해 모이는 따분한 사람들이 있네. 보통 때 같으면 이런 친구들을 피하게 되네. 하지만 마음을 유쾌하게 하는 요법을 쓰면 반대로 그들을 찾아다니게 되네. 그들은 실내 체조에 쓰이는 스프링과 같은 존재라네. 우선 제일 작은 스프링을 당긴 후 더 큰 스프링을 당기게 되지. 이와 마찬가지로 나는 불쾌해하는 순서대로 친구나 친지들을 세워놓고, 한 사람씩 차례차례 훈련하네. 그들이 보통 때보다 더 심하게 화를 내고 사사건건 트집을 잡아 불평을 늘어놓으면, 나는 속으로 이렇게 생각하네. '오! 참으로 좋은 시험거리다. 내 마음이여, 용기를 내라. 불만을 더 부채질하라."

다시 또 한 사람이 말했다. "마음을 유쾌하게 하는 요법을 쓰는 데는 사람뿐만 아니라 사물도 좋은 대상이 되네. 물론 좋지 않은 것이어야 하네. 예컨대 눌어붙은 스튜, 오래된 빵, 태양, 먼지, 갚아야 할 빚, 바닥이 난 지갑 같은 것들도 훌륭한 훈련 재료가 된다네.

이런 것들을 보면 권투나 펜싱을 할 때처럼 강한 일격이 들이닥치겠군. 피하느냐 아니면 그대로 당하느냐, 둘 중의 하나라고 생각하네. 보통 때는 어린아이처럼 울음을 터뜨리게 되네. 그리고 우는 것이 부끄러워 더 큰 소리로 운다네. 하지만 마음을 유쾌하게 하는 요법을 쓰면 사태가 전혀 다르게 흘러가네. 사람은 해야 할 일을 상쾌한 샤워처럼 받아들이네. 몸을 흔들고 두어 번 어깨를 으쓱하네. 그리고 나서 근육을 마음껏 펴면 유연해진다네. 젖은 속옷처럼 근육을 차례로 벗어던지네. 이렇게 하면 생명의 물이 샘물처럼 마구 흐르게 되지. 식욕이 솟구치네. 생명의 세탁이 끝나면 기분도 상쾌해지네. 하지만 내 말은 이쯤에서 끝내겠네. 자네들 모두 지금 밝은 표정을 짓고 있으니까 말

일세. 내가 말한 마음을 유쾌하게 하는 요법은 이미 자네들에게
는 아무런 소용이 없게 됐네." (1911년 9월 24일)

75. 정신위생

나는 어제 미치광이들에 대해 여러 견해를 제기한 기사를
읽었다. 그들은 언제나 같은 각도에서만 사물을 바라보기 때문
에 스스로 박해를 당한다는 강박관념을 갖게 되고, 종국엔 증
세가 심각해져서 감금하는 편이 좋다는 것이었다. 나는 이 기
사를 읽고 울적해졌는데 —미치광이에 대해 생각하는 것보다
더 슬픈 일이 있겠는가!—, 과거에 들은 적이 있는 좋은 대답이
떠올랐다. 어떤 사람이 현자에게 항상 발이 차가운 반미치광이
가 박해를 당한다는 강박관념에 시달린다고 이야기했다. 그러
자 그 현자는 이렇게 말했다. "혈액 순환이 잘 안 되고, 생각의
순환도 안 좋소." 이 말은 곰곰이 생각해볼 만하다.

　우리는 누구나 꿈이라든가 이미지들 사이의 우스꽝스러운
연상처럼, 자기가 원하는 만큼 미치광이들과 비슷한 생각을 하
는 경우가 곧잘 있다. 부딪치면서 비틀거리는 것은 마음속의 말

이다. 그것은 말로 나오지 않기 때문에 이따금 우리를 어리석은 생각 속으로 몰아넣는다. 다만 우리가 그 생각 속에 머물러 있지 않을 따름이다. 정상적인 인간의 생각은 끊임없이 변화한다. 그리고 우리는 자신의 어리석은 행위를 까맣게 잊고, "무슨 생각을 하십니까?"라는 아주 간단한 질문에도 정확히 답을 할 수 없게 된다. 이와 같은 생각의 순환은 종종 사소한 일이나 어리석은 말과 충돌하게 된다. 하지만 이것은 정신의 건전함을 보여 주는 것이다. 선택할 수 있다면, 나는 편집광보다는 무심한 자가 되고 싶다.

어린아이들이나 어른들을 가르치는 입장에 있는 사람들이 이점에 대해 충분히 생각한 적이 있는지 잘 모르겠다. 그들의 말에 의하면 단단하고 움직일 수 없을 만큼 육중한 생각을 갖는 것이 중요하다. 그리고 그들은 우스꽝스러운 기억의 훈련을 통해 우리로 하여금 일찍부터 그 일에 익숙해지도록 하고 있다. 이렇게 해서 우리는 평생 걸음을 옮길 때마다 서투른 시나 의미가 없는 격언 같은 것을 질질 끌고 다니게 된다. 그다음에는 우리를 무슨 염불과 같은 전문 분야에 가둬 이것을 되새기는 훈련을 시킨다. 그런데 이런 일은 나이와 더불어 우리의 기분이 나빠지고 우리의 생각에 비애가 깃들게 되면서부터 위험해진다. 우리는 시詩의 형태로 지리地理를 외우듯이 마음속으로 슬픔을 암송한다.

하지만 이와는 반대로 정신을 자유롭게 풀어주어야 한다. 나는 정신위생의 규칙으로 이런 제의를 하고 싶다. "같은 생각을 두 번 다시 지니지 말라." 이에 대해 우울증 환자들은 말할 것이다 "나는 그렇게 할 수가 없소. 내 머리는 그렇게 생겨먹어, 피가 많이 흐르기도 하고 적게 흐르기도 하기 때문이오." 이것은 분명하다. 하지만 우리는 머리를 마사지하는 방법을 알고 있다. 생각을 바꾸기만 하면 된다. 그리고 이것은 약간의 훈련을 통해 쉽게 터득할 수 있다. 머리를 맑게 해주는 확실한 두 가지 방법이 있다. 하나는 자기 주위를 둘러보고, 그 광경으로 샤워를 하는 것이다. 이렇게 하면 반드시 효과가 있다. 또 하나는 결과에서 원인으로 거슬러 올라가는 것이다. 이것은 우울한 생각을 몰아내는 확실한 방법이다. 왜냐하면 원인과 결과의 연결은 우리를 여행으로 끌어내 아주 멀리까지 가기 때문이다. 결과에서 원인으로 거슬러 올라가는 것은 신탁을 묻는 또 하나의 수단이기도 하다. 나는 무녀가 무슨 생각으로 내가 구두쇠가 될 거라고 예언했는지를 생각하는 대신에, 그녀가 왜 하필 그 말을 했을까를 이해하고자 한다. 이렇게 해서 나는 모음이나 자음을 생각하게 되고, 우리를 한편에서 다른 편으로 안내하는 자연의 언덕길에 당도하게 된다. 그러면 모든 음성학이 등장하게 된다. 어떤 사람이 약간 무서운 꿈을 꾸었다. 나는 그에게 진짜 원인을 찾아보라고 했다. 그 진짜 원인이란 사소한 괴로움에 결부된 지각과 관련된 경우가 종종 있기 때문이다. 이렇게 해서 그는 여러 가정을 해보았고, 나는 그가 무서운 꿈에서 완전히 벗어났다는 것을 알게 됐다. 순환이 회복된 것이다. (1909년 10월 9일)

76. 모유찬가

나는 데카르트에게서 사랑의 감정이 건강에 좋은 반면, 증오의 감정은 건강에 나쁘다는 생각을 발견한다. 이것은 잘 알려진 생각이지만 그렇다고 아주 친숙한 생각은 아니다. 좀 더 적절하게 말하자면 사람들이 이것을 믿지 않는다. 만일 데카르트가 호머나 성서처럼 비웃음을 초월한 지위에 있지 않았다면, 사람들은 그런 생각을 비웃었을 것이다. 만일 인간, 행동, 작품 등과 같은 자질구레한 것들에서 사람들이 언제나 아름답고 사랑할 만한 가치가 있는 것을 선택함으로써, 증오를 통해 할 일을 사랑을 통해 하려고 한다면, 이것은 적지 않은 진보라고 할 수 있을 것이다. 그리고 그것은 나쁜 것을 물리치는 가장 유력한 수단이라 하겠다. 요컨대 휘파람을 불어 나쁜 음악을 야유하기보다는 좋은 음악에 박수를 보내는 것이 더 좋고 더 정당하고 더 효과적이다. 왜 그런가? 그 이유는 사랑은 생리적으로 강하고, 증오는 생리적으로 약하기 때문이다. 하지만 정념에 사로잡힌 인간들의 특징은 남들이 감정에 대해 쓴 것을 한 마디도 믿지 않는다는 사실이다.

따라서 원인부터 이해해야 한다. 그리고 나는 데카르트에게서 그와 같은 원인 또한 발견한다. 그 이유는 그가 다음과 같이 말하기 때문이다. 우리 최초의 사랑, 우리의 가장 오래된 사랑은 충분한 포유로 풍부해진 혈액, 깨끗한 공기, 알맞은 온도, 갓난아기를 성장하게 하는 모든 것에 대한 사랑 이외의 다른 것이 아니라고 말이다. 우리는 유년시절에 이 사랑이라는 말을 우선 자기 자신에 대한 자기 자신의 사랑으로 배웠다. 그리고 달콤한 젖을 빨아들이는 생명기관의 움직임, 유연함, 감미로운 조화로 그것을 표시했다. 수프가 맛있다고 고개를 끄덕이는 것도 최초의 찬동과 같은 방법으로 이루어졌다. 이와는 반대로 너무 뜨거운 수프에 대해 어린아이가 머리와 몸 전체로 싫다고 표시하는 것을 관찰해 보라. 이와 마찬가지로 위, 심장, 몸 전체는 해로운 음식을 싫다고 한다. 경멸, 비난, 혐오 등의 가장 강하고도 가장 오랜 표현인 구토를 해서 그 음식을 내뱉어 버리기도 한다. 그러므로 데카르트는 호머 투로 아주 간결하게 미움은 모든 사람의 소화에 좋지 않다고 말했다.

우리는 이 멋진 생각을 확대하고 부풀릴 수 있다. 이런 생각은 지치지도 않으며 또 한계도 모른다. 사랑에 대한 최초의 찬가는 갓난아기가 온몸으로 노래하는 모유 찬가였다. 갓난아기는 모든 수단을 다 써서 모유라는 이 귀중한 자양분을 받아들이고 얼싸안고 빨아 먹는다. 그리고 이 젖을 빠는 열광은 생리적으로 말하자면 이 세상에 있는 모든 열광의 최초의 모델이자 참다운 모델이기도 하다. 입맞춤의 최초의 예가 갓난아기에게 있다는 것을 누가 모르겠는가? 인간은 이 최초의 경애심을 절대 잊지 않는다. 그는 십자가에도 입을 맞춘다. 우리가 하는 신호는 몸으로 행해져야 하기 때문이다. 이와 마찬가지로 저주의 몸짓도 탁한 공기를 거부하는 폐나 상한 우유를 토해내는 위나, 방어 상태에 있는 모든 신체 조직이 예부터 가지고 있던 몸짓인 것이다. 만일 증오가 요리의 조미료 역할을 한다면, 오, 경망스러운 독서가여, 그대는 그대의 식사에서 어떤 이득을 기대하는가? 어째서 그대는 『정념론』을 읽지 않는가? 그대가 자주 가는 서점 주인도 이 책이 어떤 책인지를 모른다. 그대의 심리학자 역시 이 책에 대해 잘 모르고 있다. 그저 독서하는 방법을 아는 것이 거의 전부이다. (1924년 1월 21일)

77. 우정

우정 속에는 놀라운 기쁨이 있다. 기쁨이 전염된다는 사실을 안다면 이것을 어렵지 않게 이해할 수 있다. 내가 곁에 있는 것이 친구에게 조금이라도 기쁨을 준다면, 이번에는 그 기쁨을 보고 내가 기쁨을 느끼게 된다. 이처럼 각자가 친구에게 주는 기쁨은 그에게로 되돌아온다. 이와 동시에 기쁨의 보물창고가 활짝 열려서 두 사람 모두 이렇게 생각한다. 나는 내 마음속에 행복을 지니고 있었지만, 그것을 유용하게 써먹지 못했다고 말이다.

나도 기쁨의 원천이 마음속에 있다는 것은 인정한다. 자신들과 모든 일이 불만스러워 억지로 웃기 위해 서로 간지럼을 태우는 사람들을 보는 것처럼 슬픈 일은 없다. 하지만 만족을 느끼는 사람도 혼자 있게 되면 자기가 만족스러워한다는 것을 잊게 된다. 그의 모든 기쁨이 곧 잠들어버린다. 그렇게 해서 그는 일종의 백지상태, 즉 무감각 상태에 이르게 된다. 내부의 감정은 외부의 운동이 필요하다. 만일 어떤 폭군이 권력을 존중할 것을 가르치려고 나를 감옥에 가둔다면, 나는 매일 혼자서 웃는 것을 건강법으로 삼을 것이다. 나는 다리를 단련시키는 것처럼 기쁨을 훈련할 것이다.

여기 한 묶음의 마른 나뭇가지가 있다. 그것은 외관상으로는 흙처럼 생기가 없다. 그냥 방치 해두면 흙이 돼버릴 것이다. 하지만 이 나뭇가지는 태양으로부터 받은 숨겨진 열을 가지고 있다. 아주 작은 불씨라도 가까이 가져가 보라. 그러면 당장 활활 타오를 것이다. 이처럼 단순히 문을 흔들어 죄수의 잠을 깨우기만 하면 되는 것이다.

이처럼 기쁨을 일깨우기 위해서는 일종의 계기가 있어야 한다. 어린아이가 처음으로 웃을 때 그 웃음은 아무것도 표현하지 않는다. 행복해서 웃는 것이 아니다. 오히려 웃기 때문에 행복하다고 말해야 할 것이다. 먹는 일이 즐겁듯이 웃는 일도 즐거운 것이다. 하지만 어린아이는 우선 먹어야 한다. 이것은 웃음에만 해당하는 것이 아니다. 사람은 자기가 생각한 것을 알기 위해서도 역시 말이 필요하다. 사람은 혼자 있는 한 자기 자신일 수 없다. 어리석은 도덕주의자들은 사랑하는 것은 자기 자신을 잊는 것이라고 말한다. 하지만 이것은 너무 단순한 견해이다. 사람은 자기 자신에게서 벗어날수록 더욱더 자기 자신이 될 수 있다. 그리고 자기가 살아 있다는 것을 더욱 실감하게 된다. 당신의 장작을 지하실에서 썩게 내버려 두어서는 안 된다.

(1907년 12월 27일)

78. 우유부단

데카르트는 인간의 가장 큰 해악 중의 하나는 우유부단이라고 말했다. 그는 이 말을 여러 번 반복했지만, 그 이유를 설명하지 않았다. 나는 인간의 본성에 대한 이것 이상의 통찰을 알지 못한다. 모든 정념, 그 불모의 운동이 모두 이것으로 설명된다. 요행수의 도박이 갖는 힘이 인간의 영혼과 같은 높이에 있다는 사실은 거의 알려지지 않았다. 하지만 그것이 사람으로 하여금 결단을 내리게 하는 힘을 가지고 있다는 점은 흥미롭다. 말하자면 그것은 사물의 본성에 대한 도전과 같은 것이므로, 모든 것을 거의 동등한 위치에 두고 우리의 하찮은 생각까지도 무한정 키워준다. 도박에서는 엄밀한 의미에서 모두가 평등하고, 또 선택이 요구된다. 이 추상적인 위험은 반성에 대해 가해지는 모욕과도 같은 것이다. 과감하게 결단을 내려야 한다. 도박에서는 즉시 답이 나온다. 그리고 우리의 사고思考를 해치는 회한은 있을 수 없다. 회한이 있을 이유가 없기 때문이다. 이길 수 있는 규칙을 모르기 때문에, "만일 내가 알았더라면."이라고 말하는 것은 불가능하다. 나는 도박이 권태에 대한 유일한 요법이라는 사실에 놀라지 않는다. 왜냐하면 권태란 생각해봤자 소용없다는 것을 잘 알면서도 생각하는 일이기 때문이다.

사랑에 빠져 잠을 이루지 못하는 남자라든가 낙심한 야심가들이 무엇 때문에 괴로워하는지 자문해볼 수 있다. 이런 종류의 아픔은 전적으로 몸속에 있다고도 할 수 있지만, 전적으로 사고 속에 있다고도 할 수 있다. 잠을 쫓아버리는 이 흥분은 아무것도 결정하지 못하고 그때마다 몸속에 방치되어 풀밭에 놓인 물고기처럼 몸 전체를 팔딱거리게 하는, 아무 소용없는 우유부단에서만 유래할 따름이다. 우유부단 속에는 폭력이 도사리고 있다. "좋다. 모든 것을 백지로 돌리자." 하지만 사고思考를 통해 곧 타협 방안이 제시된다. 이쪽저쪽에서 여러 가지 결과가 나타나지만, 사태는 조금도 진전되지 않는다. 실제 행동이 가져다주는 이익은 단행하지 않은 결심은 잊힌다는 것이다. 더 정확히 말하자면 그것은 없어진다. 행동이 모든 관계를 변화시키기 때문이다. 하지만 관념 속에서 행동하는 것은 아무 소용이 없다. 모든 것이 원래 상태 그대로 있게 된다. 모든 행동에는 어느 정도 도박의 요소가 있다. 왜냐하면 사고가 모든 주제를 앗아가기 전에 사고를 멈추지 않으면 안 되기 때문이다.

노골적이며 가장 고통스러운 정념인 공포는 우유부단한 감정 이외의 다른 것이 아니라고 나는 생각한다. 행동을 재촉 받으면서도 그것을 할 수가 없다고 느낀다. 현기증은 공포의 얼굴을 더욱 깨끗하게 만든다. 이 경우 해악은 극복하지 못하는 의

혹에서 기인하기에 그렇다. 그리고 사람들이 공포로 고통 받는 것은 언제나 너무 많이 생각하기 때문이다. 분명 가장 나쁜 것은 스스로 거기에서 빠져나올 수 없다고 체념해버리는 일이다. 자기를 기계라고 생각하며 자신을 경멸한다. 데카르트의 모든 사상은 여러 원인이나 치유법 역시 무사의 미덕과 같은 지고의 판단 속에 집약돼 있다. 그리고 나는 데카르트가 군인으로 복무하려고 했던 심정을 이해할 수 있다. 튀렌은 전쟁에서 맹활약했다. 그렇게 함으로써 우유부단이라는 병에서 치유되었고, 그것을 적에게 주었다.

자신의 사상으로 미루어보면 데카르트도 이와 같다. 그는 언제나 자신의 결정에 따라 행동하면서 대담하게 생각했다. 다시 말해서 언제나 결단을 내렸던 것이다. 기하학자가 우유부단했다면 참으로 우스웠을 것이다. 그도 그럴 것이 그런 우유부단함이 무한정 계속될 것이기 때문이다. 하나의 선에 얼마나 많은 점이 있는가? 두 개의 평행선을 생각할 때는 무엇을 생각하는가? 하지만 기하학자의 특징은 이와 같은 사실을 사람들이 알았다고 단정하고, 결단코 그 단정을 바꾸거나 물러서지 않겠다고 맹세하는 데 있다. 어떤 이론을 깊이 고찰해보면 그 속에는 단지 결정되고 서약된 오류만이 있을 뿐임을 알 수 있다. 이와 같은 도박에서 정신이 갖는 모든 힘은 단지 결정된 것에 지나지 않은 사실이 증명되었다고 절대로 믿지 않는 데 있다. 바로 거기에 아무것도 믿지 않고 항상 확고한 태도를 유지할 수 있는 비결이 있는 것이다. 그는 결심했다, 이것은 멋진 말이다. 이 한 단어에 두 가지의 뜻이 포함돼 있다. (1924년 8월 12일)

79. 의식

만약 우유부단이 최악의 불행이라면, 의식儀式, 일, 옷, 유행 등은 이 세상의 아주 중요한 덕목들임을 알 수 있다. 즉흥적인 것이 자극적인 것은, 타인에 대해 말을 하거나 행동한다는 데 대한 생각보다는 오히려 몸속에서 두 가지 행동이 뒤섞이기 때문이다. 그것은 우리의 종복인 근육을 뒤틀리게 하고, 그 신속한 효과로 우리의 폭군인 심장을 놀라게 한다. 기습을 당한 사람, 독촉을 받는 사람은 병자라고 하겠다. 그래서 자유가 인간을 사악하게 만든다. 아이들을 보면 이 점이 잘 드러난다. 자유로운 놀이가 마지막에는 난폭한 행위로 끝이 난다. 활시위처럼 팽팽하게 당겨져 있는 인간의 나쁜 본능이 규율에 따라 억제되고 있다고 생각하는 것은 잘못이다. 오히려 규율은 사람을 즐겁게 해준다. 이와 반대로 규율이 없으면 사람은 불쾌해지고, 우유부단으로 초조해지고, 결국 엉뚱한 짓을 저지르게 된다. 벌거숭이 인간은 미치광이와 같다. 옷은 이미 하나의 규율이며, 모든 규율은 옷처럼 사람을 즐겁게 한다. 루이 14세는 측근들에 대해 겉으로는 설명이 안 되는 놀랄만한 힘을 가지고 있었다. 그는 일어나고, 잠자고, 용변 보는 일까지 모두 규율을 만들어 놓았다. 그가 힘을 가지고 있었기 때문에 이런 규율을 정했다고 말해선 절대 안 된다. 이와는 반대로 그 자신이 규율 자체였기 때문에 강력한 힘을 가질 수 있었다고 말해야 할 것이다. 측근들은 누구나 다 자신들이 해야 할 일을 알고 있었다. 여기에서 이집트적인 평화라는 관념이 나온다.

전쟁에는 인간을 불쾌하게 만드는 모든 요소가 포함되어 있다. 하지만 그것에 대해 추론하면 오류를 범하기 쉽다. 인간은 전쟁에서 곧 평화를 찾아내기 때문이다. 내가 말하는 평화는 진정한 평화, 즉 우리 내부에서 숨을 쉬고 있는 평화이다. 누구나 자기가 해야 할 일을 잘 알고 있다. 이성은 불행을 상기시켜 주지만, 그것은 소용없는 일이고 조금도 두려울 것이 없다. 이성은 환희의 밑바닥까지 덮지는 못한다. 누구나 자기 운명과도 같은 정해진 직무나 돌이킬 수 없는 행동을 발견하게 된다. 그의 모든 생각은 그곳으로 달음질치고, 몸이 그 뒤를 따른다. 이렇게 해서 이 둘이 합쳐지면 곧 인간적인 사태가 만들어진다. 우리가 태풍을 참고 견디듯이 이와 같은 사태 또한 참고 견뎌야 한다. 인간은 권력이 그처럼 많은 것을 차지한다는 사실에 놀란다. 하지만 권력은 많은 것을 요구하기 때문에 많은 것을 차지하게 된다. 우유부단을 잘 치유하는 수도원의 규율도 이와 같다. 기도를 권유하는 것만으로는 소용이 없다. 이러이러한 기도를 이러이러한 시간에 하도록 명령해야 한다. 권력 특유의 지혜는 아무 이유 없이 그저 단순한 명령을 내리는 데 있다. 거기에 약간의 이유라도 붙는다면 무수한 생각이 생겨날 것이다. 분명 생각한다는 것은 기분 좋은 일이다. 하지만 이 즐거움은 결단을 내리는 기술로 보상되어야 한다. 이런 인간의 본보기가 바로 데카르트이다. 그가 전쟁에 참가했다는 것은 주지의 사실이다. 하지만 기쁨을 누리기 위해 그가 전쟁을 했다고 말할 수는 없다. 그보다는 그를 너무 따라다니는 생각에서 벗어나기 위해 전쟁에 참가했던 것이다.

사람들은 유행을 비웃고 싶어 한다. 하지만 유행은 대단히 진지한 그 무엇이다. 정신은 이것을 경멸하는 척한다. 하지만 우선 넥타이를 맨다. 제복과 사제복은 사람의 마음을 가라앉히는 데 놀랄만한 효과를 보인다. 그것들은 잠옷이라고 할 수 있다. 또한 그것들은 생각하지 않고 행동하는 가장 감미로운 나태의 주름이다. 유행도 이와 같은 목적을 향하지만, 이 경우에는 완전히 상상 속의 것인 선택하는 즐거움을 주면서이다. 색깔은 마음에 들지만 선택해야 한다는 것이 두려운 것이다. 여기에서 고통이 드러난다고 해도, 이것은 연극에서처럼 약을 더 잘 맛보게끔 하기 위해서이다. 그러므로 어제는 붉은색이 좋았지만, 오늘은 푸른색으로 마음이 기우는 것이다. 이것이 의견의 일치이고, 이런 일치가 유행을 증명한다. 그로부터 인간을 진정으로 아름답게 만드는 마음의 평온이 생긴다. 확실히 노랑은 금발과 어울리지 않으며, 초록이 갈색 머리와 어울리지 않는 것은 사실이다. 하지만 불안, 선망, 회한으로 찌푸린 얼굴은 그 누구에게도 어울리지 않는다. (1923년 9월 23일)

80. 새해

연말연시에 주고받는 선물은 기쁨보다는 슬픔을 자아낸다. 새해를 맞이하면서 이것저것 계산을 하지 않아도 되는 넉넉한 부자는 별로 없기 때문이다. 여기저기서 받게 될 물건이나, 상인들에게 돈벌이나 시켜주기 위해 여기저기에 보내야 할 물건을 생각하며 남몰래 한탄하는 사람도 적지 않다. 나는 친구가 많은 부모를 둔 한 소녀가 연말에 받은 첫 번째 압지押紙를 보면서 이렇게 말하는 기분을 이해할 수 있다. "멋진데. 압지가 많이 생기겠는데." 그런데 선물을 주는 이 열의 속에는 무관심과 억제된 분노도 없지 않다. 의무가 모든 것을 망치고 만다. 그리고 초콜릿은 위에 부담을 주고 사람을 혐오하는 성격을 키운다. 이런 젠장! 빨리 주고, 빨리 먹어치워 버리자. 잠깐이면 지나갈 거다.

더 진지한 얘길 해보자. 나는 당신이 즐거운 기분을 가졌으면 하고 바란다. 이것이야말로 주고받아야 할 것이다. 이것이야말로 모든 사람을 풍요롭게 하는, 특히 주는 사람을 풍요롭게 하는 진정한 예의이다. 또 이것이야말로 교환을 통해 더욱 늘어나는 보물이다. 길이나 전차 안이나 신문판매소 등에 이 보물을 얼마든지 뿌릴 수 있다. 그렇게 해도 이 보물은 줄어들지 않는다. 당신이 그것을 어디에 뿌리든지, 그것은 뿌리를 내리고 싹을 틔우며 꽃을 피울 것이다. 거리에서 마차가 서로 엉키게 되면 욕설과 악담밖에 안 나오고, 말은 있는 힘껏 마차를 끌며, 그렇게 되면 사태는 점차 더 악화한다. 혼란은 모두 이런 식이다. 미소를 짓고, 자기의 노력을 가늠하고, 고삐를 잡아당기는 분노를 조금만 진정시킨다면 얽힌 것을 푸는 것은 쉬운 일이다. 하지만 이와는 반대로 이를 갈면서 한사코 고삐 끝을 당긴다면 사태는 풀리지 않는 매듭이 될 것이다. 부인이 이를 간다. 가정부가 이를 간다. 양고기가 타고, 그 때문에 험악한 말이 오간다. 이 모든 프로메테우스들을 해방해 자유롭게 만들기 위해서는 적당한 순간에 미소만 지으면 된다. 하지만 누구도 이 간단한 방법을 생각하지 못한다. 이렇게 해서 저마다 자기 목을 조르는 밧줄을 열심히 잡아당기는 것이다.

공동생활은 해악을 증가시킨다. 당신은 레스토랑에 들어간다. 옆 손님에게 적의 어린 시선을 던진다. 메뉴를 흘낏 보고는 웨이터를 노려본다. 그것으로 모든 것이 끝이다. 언짢은 기분이 한 사람의 얼굴에서 다른 사람의 얼굴로 옮아간다. 모든 것이 당신 주위에서 충돌한다. 아마도 컵이 깨질 것이다. 그날 밤 웨이터는 자기 아내를 때릴지도 모른다. 이와 같은 전염의 메커니즘을 잘 파악해두라. 그러면 당신은 곧 마법사가 돼 기쁨을 나누어 주는 사람이 될 것이다. 어디를 가더라도 좋은 일을 하는 신이 될 것이다. 한마디라도 친절한 말을 하고 고마움을 전해보라. 냉담한 바보에게도 친절을 베풀어 보라. 당신은 이 유쾌함의 물결을 타고 아무리 좁은 해변이라도 갈 수 있을 것이다. 웨이터는 다른 말투로 주문을 받고, 손님들도 즐거운 마음으로 의자 사이를 지나갈 것이다. 이렇게 해서 유쾌함의 물결은 당신 주위에 널리 퍼지게 될 것이고, 당신 자신은 물론 모든 것을 가볍게 해줄 것이다. 이런 현상은 끝이 없다. 하지만 처음에 조심해야 한다. 하루든 1년이든 시작을 잘해야 한다. 이 좁은 골목은 왜 이렇게 소란한가! 수많은 욕설과 폭력! 피가 흐른다. 재판관이라도 불러와야겠다. 이런 아우성도 단지 마부 한 명의 신중한 행동, 손놀림 하나만으로도 피할 수 있는 것이다. 그러니 좋은 마부가 돼라. 마부석에 의젓하게 앉아 고삐를 힘껏 잡고 있으라. (1910년 1월 2일)

81. 소망

정월에 성행하는 소망이나 기원은 그저 표정일 따름이다. 그렇다고 치자. 하지만 표정은 매우 중요하다. 인간은 아주 오랜 세기 동안 표정에 따라 살아왔다. 마치 우주 전체가 구름이나 천둥이나 새를 통해 인간에게 훌륭한 사냥이나 불행한 여행을 기원하고 있었다는 듯이 말이다. 그런데 우주는 차례대로 한 가지씩만 보여 줄 뿐이다. 그리고 단순히 동의하거나 비난하는 인간의 얼굴처럼 이 세계를 해석하는 것이 오류를 범하는 일이었다. 우주는 의견을 갖고 있는가, 그렇다면 그것은 어떤 것인가를 묻는 병에서 우리는 거의 다 치유됐다. 하지만 다른 사람들이 의견을 갖고 있는가, 그렇다면 그것은 어떤 것인가를 묻는 병은 절대 치유되지 않을 것이다. 이 의견이 무엇인가를 의미하게 되자마자 우리의 의견을 근본에서부터 바꿔놓기 때문이다.

인간은 이성에 의해 지탱되고, 말로 표현된 의견에 대해서는 침묵의 의견에 대해서 보다 더 강하게 저항한다는 사실은 주목할 만하다. 첫 번째 의견은 충고의 형태를 띤다. 종종 이것을 무시해야 할 필요가 있다. 하지만 다른 하나의 의견은 무시할 수 없다. 이것은 우리를 더욱 은밀하게 붙잡는다. 그리고 그것이 어떻게 우리를 붙잡는지 모르기 때문에 거기에서 빠져나갈 수가 없다. 주위에는 만사를 비난하는 듯한 얼굴을 하고 다니는 사람들이 있다. 이 경우에 가능한 한 그들을 피하는 것이 좋다. 왜냐하면 인간은 다른 인간을 흉내 내게 돼 있으므로, 나 역시 이유도 모르면서 결국 비난하는 표정을 짓게 되기 때문이다. 무엇을 비난하는가? 나는 그것을 모른다. 하지만 이 음울한 얼굴빛이 나의 모든 생각과 계획을 밝혀주고 있다. 나는 이런 생각과 계획 속에서 그 이유를 찾는다. 또 그 이유를 반드시 찾게 된다. 왜냐하면 모든 것이 뒤엉켜 있고, 위험이 곳곳에 있기 때문이다. 그리고 길을 건너가는데도 결국 행동을 하고 위험을 무릅써야 하므로, 나는 확신도 없이, 그러니까 기운도 없이 마지못해 행동하게 되는 것이다. 자기가 자동차에 치이리라고 생각하는 사람은 그 생각으로 도움받기는커녕 오히려 마비될 것이다. 더 길고, 더 복잡하고, 더 불확실한 일에서는 적의를 품은 얼굴에서 받는 이런 예감의 효과가 더욱 민감하게 나타난다. 어떤 종류의 시선은 항상 마술적인 효과가 있다.

여기에서 아주 중요한 축제인 예의의 축제로 다시 돌아가 보자. 우체부가 배달해준 엽서에서 저마다 미래를 읽으려고 하는 이 시기에, 어떻게 될 것인지 알 수 없는 앞으로의 몇 주일 또는 몇 달을 우울한 기분으로 물들인다는 것은 좋지 않은 일이다. 따라서 그런 날에는 누구나 다 유능한 예언자가 되고, 또 각자가 우정의 깃발을 높이 올리라고 말해주는 것은 좋은 규칙이다. 바람에 나부끼는 깃발은 인간을 즐겁게 해준다. 깃발은 다른 사람이나 깃발을 내건 사람의 기분은 전혀 모른다. 또한 얼굴에 뚜렷이 나타난 기쁨은 모든 사람에게 좋다. 더군다나 내가 전혀 모르는 사람들에게도 그렇다. 나는 그 경우에 표정 같은 것은 따지지 않고 있는 그대로 받아들이기 때문이다. 그것이 가장 좋다. 그리고 즐거운 표정은 그 표정을 짓는 당사자를 즐거운 기분이 되게 한다는 것은 분명한 사실이다. 이와 같은 표정은 흉내에 의해 끊임없이 그 자신에게 돌아온다. 어린아이들의 기쁨이 그들을 위한 것이라고 말해서는 안 된다. 우리는 반성이 없고 애정이 없어도 그들의 표정에 커다란 관심을 쏟는다. 이 경우에는 누구나 다 유모가 된다. 누구나 어린아이들을 이해시키기 위해 달래는 몸짓을 한다. 이렇게 함으로써 그들을 교육하는 것이다.

이 축제일은 당신의 의사와는 상관없이 당신을 위해 좋은 것이다. 하지만 그것을 바란다면, 그리고 예의라는 이 위대한 생각을 여러모로 검토한다면, 이 축제는 당신의 진정한 축제가 될 것이다. 표정에 따라 생각을 다스리고, 앞으로 몇 달 동안은 적의를 품은 생각이나 사람의 즐거움을 줄이는 예측을 하지 않겠다고 굳게 마음먹을 것이기 때문이다. 이렇게 해서 우선 사소한 모든 불행에 대해 강해질 것이다. 이런 불행은 실상 아무것도 아니지만, 서글프게 과장하게 되면 중대사가 되고 만다. 당신은 행복을 희망한다는 사실로 인해 곧 행복해질 것이다. 내가 당신을 위해 소망하는 것이 바로 이것이다. (1926년 12월 20일)

82. 예의

예의도 춤과 같이 배울 수 있다. 춤을 못 추는 사람은 규칙을 익히고, 거기에 맞춰 몸을 움직이기 무척 어렵다고 생각한다. 하지만 그것은 외관상의 일에 불과하다. 경직되지 않고, 떨지 않고, 따라서 불안해하지 않고 춤을 출 수 있어야 한다. 이와 마찬가지로 예의의 규칙을 아는 것도 별거 아니다. 그리고 이 규칙에 따른다고 해도 그것만으로는 아직 예의의 입구에 서 있을 뿐이다. 몸놀림이 정확하고, 여유가 있어야 하며, 경직되거나 떨어서는 안 된다. 왜냐하면 조금만 떨어도 바로 상대방에게 전달되기 때문이다. 상대방을 불안하게 하는 것이 예의인가?

나는 종종 목소리부터 무례하게 느껴지는 사람을 만난다. 이에 대해 성악 선생은 목이 조이고, 어깨가 유연하지 못해 그렇다고 말할 것이다. 어깨의 움직임 하나만으로도 예의 바른 행동을 무례한 것으로 바꿔버릴 수 있다. 지나친 감정을 담는 것, 일부러 침착한 척하는 것, 힘을 너무 주는 것 등은 모두 좋지 않다. 검도 선생은 제자들에게 "힘을 너무 준다."는 말을 입버릇처럼 한다. 검도는 일종의 예의의 경기이다. 이 경기는 우리를 모두 예의로 이끈다. 난폭함과 흥분을 느끼게 하는 것은 모두 예의에 어긋난다. 표정이나 위협만으로도 충분하다. 실례는 일종의 위협이라고 할 수 있다. 이 경우에 여성적인 우아함은 몸을 굽혀 보호를 구한다. 힘을 조절하는 훈련이 돼 있지 않아 몸을 떠는 사나이는 기운이 나서 흥분하면 무슨 말을 하게 될지 모른다. 따라서 너무 큰 소리로 말해서는 절대로 안 된다. 사교계에서 조레스를 본 사람에 의하면, 그는 다른 사람들의 의견이나 습관에 거의 무관심하며, 넥타이조차 비뚤어져 있었다는 것이다. 하지만 힘을 완전히 빼서 노래라도 부르는 듯한 부드러운 그의 목소리는 그 자체로 예의라고 할 수 있었다는 것이다. 많은 사람이 쇳소리가 나는 그의 변론과 사자의 포효 같은 웅변을 기억하고 있기 때문에 놀랄 만한 일이다. 힘은 예의에 반하는 것이 아니다. 그것은 예의를 장식해 준다. 그것은 능력 위의 능력이다.

무례한 사람은 혼자 있을 때도 여전히 무례하기 마련이다. 그는 아주 사소한 동작에도 너무 많은 힘을 준다. 융통성 없는 정념과 소심함이라는 자기에 대한 불안감이 느껴진다. 나는 소심한 사나이가 공개 석상에서 문법에 대해 토의하는 것을 들은 적이 있다. 그의 어조에는 아주 격렬한 증오가 깃들여 있었다. 정념은 병보다 더 빨리 전염되기 되며, 그 때문에 가장 순진한 의견 속에서 분노를 발견해도 나는 절대 놀라지 않는다. 그것은 목소리의 울림이나 아니면 자기 자신에 대해 행해진 쓸데없는 노력 탓에 확대된 일종의 공포에 불과하다. 또한 광적인 믿음도 근본적으로 실례일 수 있다. 비록 그렇게 하려고 하지 않았더라도 일단 표현되고 보면 나중에는 그 자신도 그렇게 생각해 버리기 때문이다. 이처럼 광적인 믿음은 소심함의 결과라고 할 수 있다. 즉 자기가 믿는 것을 잘 지탱하지 못한다는 공포인 것이다. 그리고 끝에 가서는 공포를 견디지 못해 자기뿐만 아니라 모든 사람에게 분노하게 된다. 그리고 이런 분노는 가장 불확실한 의견에 무서운 힘을 실어 주게 된다. 소심한 자를 관찰해 보라. 그들이 어떻게 해서 결정을 내리는가를 보라. 그러면 당신은 경련이 아주 기이한 사고방식임을 알 수 있다. 이처럼 우회함으로써 우리는 찻잔 하나를 손에 드는 것이 어떻게 사람을 문명화시키는지 알게 된다. 검도 선생은 다른 동작을 볼 것도 없이 그저 찻숟갈로 커피를 젓는 것만 보고도 제자의 실력을 판단하곤 했다. (1922년 1월 6일)

83. 처세술

궁정인이 보여주는 예의가 있는데, 이는 좋은 것이 못 된다. 그뿐만 아니라 그것은 결코 예의가 아니다. 내가 보기에 의식적으로 이루어지는 모든 것은 예의에서 벗어난다. 예컨대 정말 예의 바른 사람은 경멸할 만한 인간 또는 사악한 인간을 가혹하고도 난폭하다 싶을 정도로 대할 수 있다. 이것은 예의에 어긋난 행동이 아니다. 생각한 끝에 베푸는 친절은 예의가 아니다. 타산적인 아첨도 마찬가지로 예의가 아니다. 참다운 예의란 생각하지 않고 행하고, 또 굳이 표현하려고 하지 않는 무엇인가를 표현하는 행동을 가리킨다.

생각나는 대로 행동하는 사람, 생각나는 것은 무엇이든지 다 말해 버리는 사람, 최초의 감정에 사로잡히는 사람, 자기가 체험한 것을 제대로 알기도 전에 놀라움, 혐오감, 즐거움 등을 조심성 없이 나타내는 사람은 모두 무례한 사람이다. 이런 사람은 그럴 의도 없이, 또 자기의 의사에 반해 남을 괴롭게 하고 불안하게 만들기 때문에 항상 변명해야 할 것이다.

그럴 의도가 없음에도 경솔하게 말해서 누군가에게 상처를 주는 것은 괴로운 일이다. 예의 바른 사람이란 해악이 돌이킬 수 없는 상태에 이르기 전에 미리 어색함을 느끼고 자연스럽게 방향을 바꾸는 사람을 가리킨다. 하지만 해야 할 말과 해서는 안 될 말을 미리 알아차리고, 의심스러울 때는 그 집의 주인에게 이야기의 방향을 일임하는 것이 더 예의 바른 행동이다. 이것은 모두 의도하지 않은 채 남을 해치는 것을 피하기 위함이다. 위험한 사람의 급소를 찌르는 것이 필요하다고 판단할 경우, 그것은 판단하는 사람의 자유이기 때문이다. 이 경우 그의 행위는 이른바 도덕에 속하는 것이지 예의에 속하는 것은 아니다.

실례는 항상 서투르다. 아무에게나 그의 나이를 느끼게 하는 것은 좋지 않은 행동이다. 하지만 그럴 생각 없이 몸짓, 표정 또는 경솔한 말로 그렇게 했다면, 그것은 실례이다. 남의 발을 고의로 밟았다면 그것은 난폭한 짓이고, 모르고 그랬다면 그것은 실례이다. 실례란 예기치 못한 실수이다. 예의 바른 사람은 그것을 피한다. 그는 자기가 원하는 경우에만 실례한다. 그는 실례하는 것이 더 나은 경우에만 실례한다. 예의 바르다는 것이 반드시 아첨을 의미하지는 않는다.

따라서 예의란 습관이며 편안함이다. 예의 바르지 못한 사람이란 자기가 하고 싶어 하는 것과는 다른 행동을 하는 사람이다. 퉁명스럽게 말하고, 쓸데없이 큰 목소리로 말하고, 주저하거나 빨리 말을 하여 자기가 의도했던 것과 다른 의미를 전달하는 사람이다. 따라서 예의도 검술처럼 배울 수 있다. 으스대는 사람은 영문도 모르고 의식적으로 요란을 떠는 사람이다. 소심한 사람은 뽐내려고 하진 않지만, 말과 행동을 중요하게 생각하기 때문에 어떻게 해야 할지 모르는 사람이다. 그래서 그는 행동하거나 말하는 것을 삼가기 위해 몸을 움츠리게 된다. 자기 자신에 대해 지나치게 노력을 기울이기 때문에 몸이 떨리고 진땀이 나고 얼굴이 상기 되고, 보통 때보다 더 서툴게 된다. 이와 반대로 우아함이란 그 누구도 불안하게 하거나 마음 상하게 하지 않는 행복한 표현이며 동작이다. 이런 종류의 자질은 행복을 위해 대단히 중요한 것이다. 처세술을 결코 소홀히 해서는 안 된다. (1911년 3월 12일)

84. 다른 사람을 즐겁게 하라

나는 가르칠 필요가 있다고 생각되는 '처세술'에 대해 말했다. 이제 여기에 "다른 사람을 즐겁게 하라."라는 규칙을 덧붙이고자 한다. 이 규칙은 아주 활달하고 자기의 성격을 개조한 한 남자가 제안한 것이다. 이 규칙은 얼핏 의아하게 보인다. '다른 사람을 즐겁게 하라.' 이것은 거짓말쟁이나 소인배, 궁정인이나 하는 짓이 아닌가? 하지만 이 규칙을 잘 이해하도록 하자. 여기에서는 즐겁게 함에 거짓이나 비열함이 없이 항상 즐겁게 하는 것이 관건이다. 그런데 이것은 우리가 언제라도 할 수 있는 일이다. 우리가 언성을 높이고 얼굴을 붉히며 유쾌하지 못한 진실을 말하는 것은 한낱 기분의 동요에 불과할 따름이다. 그것은 그 치유법을 알지 못하는 일시적인 병이다. 그때 좀 더 용기를 냈으면 좋았을 것이라고 나중에 생각하지만 아무 소용이 없다. 위험을 무릅쓰던가 아니면 우선 깊이 생각해보지 않는 한 그렇게는 잘 안 될 것이다. 그로부터 나는 다음과 같은 교훈을 끌어내고자 한다. "숙고 끝의 의지에서가 아니면, 그리고 자기보다 강한 사람에 대해서가 아니면 절대로 교만하지 말라." 하지만 진실을 말하더라도 억양을 높이지 않고, 또 심지어 진실 가운데서도 칭찬할 만한 말을 골라서 하는 편이 더욱 좋다.

모든 일에는 칭찬할 만한 것이 있게 마련이다. 우리가 행동의 참된 동기를 알지 못하기 때문이다. 비겁함보다는 겸손함을, 신중함보다는 친절함을 가정하는 것은 힘든 일이 아니다. 특히 젊은이들에 대해서는 추측에 지나지 않은 일들에 대해서는 모든 것을 최상으로 해석하고, 또 자신들의 멋진 초상을 만들게 하라. 그렇게 하면 그들은 스스로 그런 존재로 믿게 될 것이고, 또 곧 그런 존재가 될 것이다. 이와 반대로 비판은 무익할 뿐이다. 예컨대 상대방이 시인일 때는 그가 쓴 가장 훌륭한 시구를 인용해 암송해 주어라. 상대가 정치인일 때는 나쁜 짓을 하지 않은 점을 들어 칭찬해 주어라.

한 유치원에서 일어났던 일이 떠올랐다. 그때까지 장난이나 치고 낙서만 하던 한 개구쟁이가 어느 날 3분의 1쪽 분량의 글씨를 깨끗하게 써갔다. 선생님이 지나가면서 아이들의 글씨에 좋은 점수를 매기고 있었다. 그런데 그렇게 힘들게 쓴 자기의 3분의 1쪽만은 선생님이 보아주지 않았다. 그래서 그 개구쟁이는 "흥, 그렇다면 좋아."라고 말했다. 그 아이는 거침없이 이 말을 내뱉었다. 왜냐하면 이 유치원은 고급 주택들이 많은 생 제르맹과 같은 곳에 있지 않았기 때문이다. 이 말에 선생님은 그 아이에게로 되돌아와서 말없이 좋은 점수를 주었다. 하지만 이것은 글씨에 대한 것이지 말씨에 대한 점수는 아니었다.

그런데 이것은 좀 어려운 경우에 속한다. 망설임 없이 언제나 미소를 짓고, 예의 바르고, 친절함을 보여줄 수 있는 경우는 그 밖에도 얼마든지 있다. 사람들이 붐비는 곳에서는 좀 밀리더라도 웃어 버려라. 웃음은 서로 밀치는 것을 해소해버린다. 왜냐하면 누구나 순간적으로 화를 낸 것을 부끄럽게 생각하기 때문이다. 그리고 당신도 단단히 화를 내는 일, 즉 작은 병에 걸리는 것을 모면할 수 있을 것이다.

이처럼 나는 예의라는 것을 정념에 대한 체조일 따름이라고 생각하고 싶다. 예의 바르다는 것은 모든 동작과 모든 말로 "화를 내지 말자. 인생의 한순간을 망치지 말자."고 말하거나 표현하는 일이다. 그렇다면 이것은 복음적인 선량함인가? 그렇지 않다. 나는 거기까지 밀고 나가진 않겠다. 선량함은 대체로 경솔해서 사람을 욕보이는 수도 있다. 참된 예의는 오히려 모든 마찰을 부드럽게 하는 전염성을 가진 기쁨 속에 있다. 그런데 이런 예의가 그다지 교육되고 있지 않다. 이른바 예의 바른 사교계에서 허리를 연신 굽실거리는 것은 많이 보았지만, 정말로 예의 바른 사람은 한 명도 본 적이 없다. (1911년 3월 8일)

85. 의사 플라톤

의사 플라톤의 두 가지 주요 치유법은 체조와 음악이다. 체조는 근육을 풀어 주고, 그 모양에 따라 내부로부터 마사지하기 위해 근육 자체에 가해지는 작용을 의미한다. 편치 않은 근육은 먼지가 쌓인 해면과 비슷하다. 근육을 풀어줄 때도 해면을 청소하는 것과 같이 물에 불려서 몇 번이고 닦아준다. 생리학자들은 흔히 심장을 가리켜 속이 텅 빈 근육이라고들 말한다. 하지만 심장의 근육은 수축과 이완으로 압축과 팽창을 반복하는 풍부한 혈관망을 지니고 있어서 하나하나의 근육은 일종의 해면체 심장이라고 할 수 있다. 그리고 생명의 소중한 원천인 이 심장의 운동은 의지에 의해 조정될 수 있다. 따라서 체로 근육을 지배하지 못하는 사람들, 즉 소심한 자라 일컬어지는 사람들은 몸속에서 혈액의 흐름이 흐트러지는 것을 느낀다. 이 흐트러진 혈액이 부드러운 부분으로 운반되면 이유 없이 얼굴이 상기되기도 하고 또 어떤 때는 지나치게 압력이 높은 피가 대뇌에 침투해 잠시 착란 상태에 빠지기도 한다. 또 어떤 때는 내장이 물에 적셔진 것과 같은 불쾌함을 느낀다는 것은 잘 알려져 있다. 이런 증상에 대해선 규칙적인 근육 체조가 최상의 치유법이라고 하겠다. 그리고 이 경우에 음악이 마치 무용 선생의 모습으로 나타나는 것을 보게 된다. 이 선생은 싸구려 바이올린으로 혈액 순환을 원활하게 조절한다. 이처럼 무용이 소심함을 치유할 뿐만 아니라, 근육을 부드럽게 펴줌으로써 심장도 편하게 해준다는 사실은 잘 알려져 있다.

최근에 두통으로 괴로움을 겪은 한 사내가 식사를 하는 동안은 음식을 씹는 운동으로 통증이 좀 가신다고 내게 말한 적이 있다. 이 말을 들은 나는 이렇게 말했다. "그렇다면 미국인들처럼 껌을 씹도록 하세요." 그가 내 말대로 했는지는 알 수 없다. 고통은 우리를 즉각 형이상학적인 관념 속으로 내던진다. 고통이 있는 곳에서 우리는 불행을 떠올린다. 그런데 이 불행은 우리의 피부 아래 스며든 공상적인 것으로 마법으로라도 쫓아내고 싶어지는 것이다. 믿기 어려운 사실이기는 하지만 근육의 규칙적인 운동은 우리를 물어뜯는 괴물, 즉 고통을 없애준다. 그런데 일반적으로 말하자면 거기에는 물어뜯는 괴물도, 그와 비슷한 것도 없다. 이것은 좋지 않은 비유이다. 오랫동안 한쪽 다리로 서 있어 보라. 그러면 심한 고통을 일으키게 하거나 그것을 없애기 위해 별다른 변화가 필요 없다는 것을 알 수 있을 것이다. 이 모든 경우 또는 거의 모든 경우에서 춤과 비슷한 것을 생각해내면 된다. 누구나 자유롭게 하품하면서 근육을 펴면 행복하다는 것을 잘 알고 있다. 하지만 사람들은 체조를 통해 그것을 시도해 보려 들지 않는다. 불면증에 시달리는 사람들은 잠이 오거나 기지개를 켜는 시늉을 해야 한다. 그런데도 그들은 이와는 정반대로 초조, 불안, 분노를 흉내 내기에 급급하다. 바로 거기에 늘 가혹한 벌을 받고야 마는 오만의 뿌리가 있다. 이런 이유로 나는 히포크라테스를 본받아 위생의 누이이자 체조와 음악의 딸인 참된 겸양의 장점에 관해 기술하고자 하는 것이다. (1922년 2월 4일)

86. 건강법

일반적으로 마음의 평정을 유지한다고 해서 상을 받는 것은 아니다. 하지만 그것이 건강에 좋은 것은 분명하다. 행복한 사람은 자신을 망각 속에 내버려둔다. 명예는 그의 사후 40년이 지난 뒤에야 그를 찾아올 것이다. 하지만 선망보다 더 가까이 있으며 또 훨씬 무서운 병에 대해서는 행복이 가장 좋은 무기이다. 그럼에도 슬픔에 잠긴 사람들은 흔히 행복은 결과이지 원인이 아니라고 말한다. 이것은 너무 단순화시킨 것이다. 힘이 있기 때문에 체조를 좋아하게 된다. 하지만 자발적으로 체조를 하면 힘이 붙게 마련이다. 요컨대 이렇게 말하는 것이 허용된다면, 내장의 상태에도 두 종류가 있다. 하나는 격투나 배설을 쉽게 해주는 것이고, 다른 하나는 이와는 반대로 자기 자신의 목을 조르고 해를 끼치는 것이다. 물론 손가락을 펴는 것처럼 내장을 마음대로 폈다 오므렸다 할 수 없다. 하지만 기쁨은 내장 상태가 좋다는 징표이다. 따라서 기쁨을 지향하는 모든 생각은 또한 건강을 지향하는 것이라고 말해도 무방할 것이다.

그렇다면 병에 걸렸을 때 기뻐해야 하는 걸까? 당신은 그것이 어리석고 불가능하다고 말할 것이다. 기다려보라. 군대 생활은 총에 맞는 것을 제외하고는 건강에 좋다고들 말한다. 나는 3년 동안 아침 이슬을 맞으며 주위를 서너 바퀴 돌고, 바스락거리는 소리만 나도 동굴 속으로 달아나는 산토끼와 같은 군대 생활을 해보았기 때문에 이 말을 잘 이해한다. 3년 동안 내가 느낀 것은 피로와 수면에 대한 욕구뿐이었다. 그런데 그전까지 나의 위장은 그야말로 형편없었다. 가만히 앉아 생각을 많이 하는 사람이 대개 그러하듯이 나는 20대부터 줄곧 위장병으로 고생했다. 내가 건강을 되찾은 것은 시골의 맑은 공기와 활기찬 생활 덕분이라고 누군가가 말한 적이 있다. 하지만 나는 다른 이유를 알고 있다. 언젠가 나에게 "우리는 이제 두려워하지 않는다. 오직 재난에 대한 불안이 있을 뿐이다."라고 말한 적이 있는 어떤 하사가 어느 날 행복한 표정으로 나를 찾아왔다. 그가 이렇게 말했다. "나 드디어 병에 걸렸어. 군의관이 열이 있다고 하더군. 내일 또 진찰을 받아야 해. 아마도 장티푸스에 걸린 것 같아. 눈앞이 빙빙 돌아서 서 있을 수도 없어. 드디어 병원으로 갈 거야. 2년 반이나 진흙탕 속에서 고생하다가 겨우 기회가 온 거야." 하지만 내가 보기에 그는 기쁨으로 자기 병을 고치고 있었다. 이튿날에 벌써 열이 내려 그는 폐허가 된 프랑스 북동부의 작은 마을 프릴레를 가로질러 더 나쁜 진지로 가게 되었다.

병에 걸리는 것은 잘못이 아니다. 규율도 명예도 병을 비난할 수는 없다. 자기 몸속에서 병의 징조를 발견하고, 그것이 치명적이라 해도 희망으로 들뜨지 않는 병사가 있을까? 견디기 어려운 고통스러운 나날을 보내다 보면 나중에는 병에 걸려 죽는 일이 아주 편안하게 생각되기도 한다. 이와 같은 생각은 모든 병에 대해서 아주 강한 법이다. 기쁨은 유능한 의사보다 더욱 능숙하게 몸을 그 내부에서 치료한다. 모든 것을 악화시키는 것은 병에 걸린다는 두려움이 아니다. 신의 은총으로 죽음을 기다린 자들의 이야기가 사실이라면, 나는 그들이 100세의 수명을 누렸다고 해도 놀라지 않을 것이다. 이제 더는 그 무엇에도 관심을 두지 않는 노인들이 장수하는 것을 보고 감탄하는데, 이것은 분명 그들이 이미 죽음의 공포를 느끼지 않게 되었기 때문일 것이다. 이 점은 항상 잘 이해해 둘 만한 가치가 있다. 기수騎手가 낙마하는 것은 공포에서 오는 경직된 동작 때문이라는 것을 알

아두는 것이 좋은 것과 마찬가지로 말이다. 세상에는 위대하고
도 유력한 책략인 일종의 무관심이란 것이 있다. (1921년 9월 28일)

87. 승리

행복을 찾기 시작하자마자 사람은 그것을 발견할 수 없는
운명에 처하게 된다. 그리고 거기엔 조금도 이상할 게 없다. 행
복이란 진열장에 있는 물건처럼 선택하고 돈을 지불하고 가져
갈 갈 수 있는 것이 아니다. 물건을 잘 골랐다면 집에 가져가서
보아도 진열장에서처럼 그대로 푸른빛이나 붉은빛을 띨 것이다.
하지만 행복은 이와는 달리 당신이 그것을 단단히 움켜쥐고 있
을 때만 행복일 따름이다. 만일 당신이 당신 밖에서, 세상속에
서 행복을 찾게 되면, 어떤 것도 결코 행복의 모습을 하지 않을
것이다. 요컨대 행복에 대해서는 추측이나 예측을 하는 것이 불
가능하다. 현재 행복을 지니고 있어야 한다. 행복이 미래 속에
있는 것처럼 보일 때는 잘 생각해보라. 그것은 이미 당신이 행복
을 지니고 있다는 징표이다. 희망이 있다는 것, 그것이 바로 행
복하다는 것이다.

시인들은 종종 사물들을 잘못 설명하기도 한다. 나는 그 이유를 잘 이해한다. 그들은 음절이나 운율을 맞추는 일에 너무 집중하기 때문에 진부한 말만을 늘어놓게 되는 것이다. 그들의 말에 의하면 행복은 먼 곳에 있을 때는 아름답게 빛나지만, 막상 손에 쥐고 보면 조금도 좋은 것이 아니라는 것이다. 마치 무지개를 잡거나 샘물을 손으로 움켜쥐는 것과 같다는 것이다. 하지만 이것은 조잡한 이야기이다. 말로서가 아니라면 행복의 뒤를 쫓는 것은 불가능하다. 그리고 주위에서 행복을 찾는 사람들을 특히 슬프게 하는 것은, 그들이 조금도 행복을 욕망하지 않는다는 점이다. 카드놀이는 내게 아무런 의미가 없다. 내가 그것을 하지 않기 때문이다. 권투나 검술도 마찬가지이다. 음악 역시 그런데, 처음엔 어느 정도의 곤란을 이겨낸 사람만이 즐거울 수 있는 법이다. 독서도 마찬가지이다. 발자크의 문학 세계로 들어가려면 용기가 필요하다. 처음에는 지루하기 때문이다. 게으른 독자의 태도를 보면 아주 흥미롭다. 책장을 넘기며 몇 줄 읽다가 책을 던져버리고 만다. 독서의 행복은 상상하기 매우 어려워 숙련된 독서가조차도 놀랄 정도이다. 멀찌감치 떨어져서 바라보면 학문은 전혀 즐겁지 않다. 그 안으로 들어가야만 한다. 처음에는 어느 정도의 강제가 필요하며 또 항상 난관이 따르기 마련이다. 규칙적인 노력과 거듭되는 승리야말로 분명 행복의 공식이다. 그리고 카드놀이나 음악이나 전쟁과 마찬가지로 공동으로 이루어지는 행동일 때 행복은 생생해진다.

하지만 행동, 노력, 승리와 같은 표지를 지니고 있는 고독한 행복도 있다. 수전노와 수집가의 행복이 그렇다. 게다가 이들은 서로 아주 비슷하다. 수전노가 옛 금화에 집착할 때 특히 그렇지만, 그의 탐욕이 악덕으로 여겨지는 데 반해, 칠보, 상아, 그림, 희귀본 책 등을 유리장 안에 진열해 놓는 사람에 대해 감탄하는 이유는 대체 어디에서 기인하는가? 사람들은 돈을 다른 즐거움과 바꾸려고 하지 않는 구두쇠를 조롱한다. 그런데 책을 훼손할까 봐 두려워 절대로 책을 읽지 않는 서적 수집가도 있다. 사실 이런 종류의 행복도 다른 모든 행복과 마찬가지로 멀리서는 맛볼 수 없는 것이다. 우표 수집가는 우표를 좋아한다. 하지만 나는 그것을 도무지 이해하지 못한다. 이와 마찬가지로 권투를 좋아하는 사람은 권투 선수이고, 사냥을 좋아하는 사람은 사냥꾼이고, 정치를 좋아하는 사람은 정치가이다. 인간은 자유로운 행동 속에서 행복을 느낀다. 즉 인간은 스스로 부여한 규율을 통해서 행복하게 되는 것이다. 요컨대 축구경기이든 학문 탐구이든 간에 훈련을 받아들이는 것이 행복이다. 그리고 이런 종류의 의무라고 하는 것은 멀리서 보면 재미있기는커녕 불쾌함마저 느끼게 한다. 행복이란 보상을 구하지 않는 사람들에게 오는 보답이라 하겠다. (1911년 3월 18일)

88. 시인

괴테와 실러가 주고받은 편지에서 볼 수 있는 두 사람의 우정은 아름답다. 두 사람은 한 사람의 본성이 다른 사람의 본성에서 기대할 수 있는 도움만을 주고받은 것이다. 이것은 한 사람이 상대방의 본성을 확인하고 그 상대방에게 단지 자기 자신에게 충실할 것만을 요구하는 일이다. 사람을 있는 그대로 받아들이는 것은 대수로운 일이 아니며, 또한 항상 그렇게 되어야 한다. 하지만 있는 그대로이기를 바라는 것, 이것이 바로 진실한 사랑이다. 따라서 이 두 사람은 서로 자신의 탐구적인 본성을 외부로 투사해 적어도 다음과 같은 점에서 의견을 같이 하고 있다. 즉 차이가 있다는 것은 아름다운 것이라는 점, 그리고 사물들의 가치란 장미에서 말에게로 이행하는 식이 아니라 어떤 장미에서 아름다운 장미에게로, 어떤 말에서 아름다운 말에게로 이행하는 식으로 질서화된다는 점이 그것이다. 사람들은 흔히 취미란 논할 것이 못 된다고 말한다. 한 사람이 장미를 좋아하고, 다른 사람이 말을 좋아하는 경우에 이와 같은 말은 타당하다. 하지만 아름다운 장미란 무엇이고, 아름다운 말이란 무엇인가에 관해 토론할 수는 있다. 왜냐하면 이 점에서는 의견의 일치를 볼 수도 있기 때문이다. 하지만 이런 예는 틀린 것은 아니지만, 여전히 추상적이다. 이런 존재들은 여전히 인류, 즉 우리나 우리의 욕망에 종속되어 있기 때문이다. 그림보다 음악이 좋다고 변호하는 사람은 없을 것이다. 하지만 진본 그림과 모조품에 대해 논하는 것은 유익하다. 진본에서는 자발적으로 전개된 자유로운 본성의 징표를 찾아볼 수 있지만, 모조품에서는 종속의 흔적과 외부적인 관념에 따르는 전개를 찾아볼 수 있다고 주장하면서 말이다. 우리의 두 시인 괴테와 쉴러는 그들의 펜 끝에서 이와 같은 차이점을 느꼈을 것이다. 그런데 그들이 서로 이치를 따지고 이따금 완벽함이나 이상理想에 대해 말하면서 단 한 순간도 그들 자신의 천재성을 잃지 않았다는 점은 참으로 경탄할 만하다. 그들은 서로 상대방에게 조언했지만, "나라면 이렇게 했을 걸세."라고 말하는데 그쳤던 것이다. 하지만 이와 동시에 두 사람 모두 상대방에게 하는 조언이 무의미하다는 것을 잘 알고 있었다. 해서 조언을 받는 쪽은 이미 자기가 가야 할 길을 정해놓고 그 조언에 대한 답으로써 그 조언을 단호하게 조언자에게 돌려보내고 있다.

나는 시인이나 그 밖의 모든 예술가가 행복에 의해 자기가 할 수 있는 것과 할 수 없는 것을 알게 된다고 생각한다. 행복이란 아리스토텔레스가 말했듯이 능력의 표시이기 때문이다. 그런데 나는 이 규칙이 모든 사람에게 유용하다고 생각한다. 이 세상에 지루해하는 사람만큼 무서운 것은 없다. 이른바 심술궂다고 하는 사람들은 지루해하므로 불만인 것이다. 결코, 그들이 심술궂어서 불만인 것은 아니다. 오히려 그들을 어디에나 따라다니는 이 권태는 그들이 자기 자신의 완성을 이루지 못하고, 맹목적이며 기계적인 원인에 따라서 행동하고 있다는 징표와도 같은 것이다. 게다가 이 세상에서 가장 심각한 불행과 가장 순수한 악을 동시에 표현하는 사람은 분명 난폭한 미치광이밖에 없을 것이다. 하지만 나는 이른바 심술궂다고 하는 사람들에게서, 그리고 우리 각자에게서와 마찬가지로, 잘못된 그 무엇, 기계적인 그 무엇과 동시에 노예의 포악함을 본다. 이와는 반대로 행복으로 이루어진 것은 아름답다. 예술 작품은 이 사실을 명료하게 증명해준다. 사람들은 표정만 보고도 저 사람은 행복하다고 힘있게 말할 때가 있다. 하지만 모든 훌륭한 행동은 그 자체로 아름다우며, 그 행동을 한 사람의 얼굴까지도 아름답게 한다. 그런데 사람들은 일반적으로 아름다운 얼굴을 두려워하지 않는 법이다. 그로부터 우리는 완벽한 것은 서로 충돌하지 않으며, 서로 다투는 것은 불완전함이나 악덕뿐이라고 추측할 수 있다. 공포가 아주 좋은 예이다. 이런 이유로 내가 보기에 폭군이나 비겁한 자가 곧잘 사용하는 속박이라는 방법은 본질적으로 어리석다. 이것은 모든 어리석음의 어머니이다. 속박을 풀라. 해방하라. 그리고 두려워하지 말라. 자유로운 사람은 무장하고 있지 않다. (1923년 9월 3일)

89. 행복은 미덕이다

우리가 입는 외투 정도로밖에 가치가 없는 그런 종류의 행복이 있다. 유산 상속이나 복권 당첨 등이 거기에 해당한다. 명예도 그렇다. 이것도 우연에 달려 있기 때문이다. 이와는 반대로 우리 자신의 능력에 달린 행복은 우리와 일체가 되어 있다. 양털이 붉게 물드는 이상으로 우리는 이와 같은 행복에 물들어 있다. 옛날 한 현자는 난파선에서 구조돼 알몸으로 상륙한 뒤 이렇게 말했다고 한다. "나는 나의 전 재산을 몸에 지니고 있다." 이와 마찬가지로 바그너와 미켈란젤로는 자기의 음악과 자기가 그릴 수 있었던 고상한 모든 모습을 몸에 지니고 있었던 것이다. 권투 선수 역시 그의 주먹과 다리와 연습의 모든 성과를 몸에 지니고 있다. 하지만 돈을 갖는데도 여러 가지 방법이 있다. 이른바 돈을 잘 버는 법을 아는 사람은 빈털터리가 됐을 때라도 자기 자신이라는 재산을 지니고 있으므로 여전히 부자이다.

옛날의 현자들은 행복을 추구했다. 이웃 사람의 행복이 아니라 자기 자신들의 행복을 추구했던 것이다. 오늘날의 현자들은 자기만의 행복을 추구하는 것은 고귀한 일 못 된다고 입을 모아 가르치고 있다. 그들 중 어떤 사람들은 미덕이 행복을 모멸한다고 말하고자 한다. 하지만 이렇게 말하기는 어렵지 않다. 또 다른 사람들은 공동의 행복이 자신들의 행복의 진정한 원천이라고 가르치고 있다. 하지만 이것은 모든 의견 중에서 가장 공허한 의견일 것이다. 구멍 뚫린 가죽 부대에 술을 붓는 것처럼, 주위 사람들에게 행복을 퍼붓는 일보다 더 허망한 일은 없기 때문이다. 내가 본 바로는 스스로 따분하게 여기는 사람들을 즐겁게 해줄 수는 없다. 이와는 반대로 아무것도 탐내지 않는 사람에게는 무엇인가를 줄 수 있다. 가령 스스로 이미 음악가가 된 사람에게 음악이 주어지는 것처럼 말이다. 요컨대 모래 속에 씨를 뿌려봤자 아무 소용이 없는 일이다. 나는 이 점을 숙고하면서 모든 것이 다 부족한 자는 아무것도 받을 수 없다는 씨 뿌리는 사람의 저 유명한 비유를 이해한 것처럼 생각된다. 그러니까 자기 자신의 힘으로 행복해진 사람은 타인에 의해 더 행복해지고 더 강한 힘을 갖게 될 것이다. 그렇다. 행복한 사람들은 멋지게 행복을 거래하고 교환할 것이다. 하지만 행복을 남에게 주기 위해선 자기 내부에 행복이 있어야 한다. 또한 행복해지려고 결심한 사람은 그 방향을 잘 살펴보아야 할 것이다. 그렇게 하면 쓸데없는 사랑 같은 것은 하지 않아도 될 것이다.

따라서 내 의견으로는 내적 행복과 자기 자신에게만 고유한 행복은 결코 미덕에 저촉되지 않는다. 오히려 힘을 뜻하는 이 미덕이라는 멋진 말이 보여주는 것처럼, 그런 행복은 그 자체가 미덕이다. 완전한 의미에서 가장 행복한 사람은 옷을 벗어 던지듯이 다른 행복을 적절하게 밖으로 내팽개쳐버리는 사람이란 것이 명백하기 때문이다. 하지만 그는 자기의 진정한 부富는 절대 내버리지 않는다. 그렇게 하는 것은 불가능하다. 돌격하는 보병이나 추락하는 비행사라도 그렇게는 못한다. 그들의 내적 행복은 그들 각자의 생명과 마찬가지로 그들 자신에게 단단히 밀착돼 있다. 그들은 행복을 무기로 해서 싸운다. 그러기 때문에 쓰러져 가는 영웅에게도 행복은 있다고 말할 수 있는 것이다. 하지만 이 경우 본래 스피노자식의 표현으로 고쳐 다음과 같이 말해야 한다. 그들이 행복했던 것은 조국을 위해 죽었기 때문이 아니라, 그들이 행복했기 때문에 죽을 용기가 있었다고 말이다. 만성절萬聖節이 들어 있는 11월의 화환은 이런 식으로 만들어지길! (1922년 11월 6일)

90. 행복은 관대한 것

행복해지기를 바라고 또 행복해지기 위해 전력을 다해야만 한다. 행복이 들어오든 말든 문만 열어 놓고 공정한 방관자의 입장에 머물러 있다면, 안으로 들어오는 것은 슬픔일 것이다. 비관주의의 본질은 사소한 불쾌감도 억제하지 않고 놔두면 슬픔이나 짜증으로 이어진다는 점에 있다. 아무것도 하지 않고 있는 아이를 보면 그리 오래 기다리지 않아도 이 사실을 알 수 있다. 아이들에게서 놀이의 매력은 아주 커서 배고픔이나 갈증을 불러일으키는 과일에 비할 바가 아니다. 하지만 나는 거기에서 차라리 놀이를 통해 행복해지려는 의지를 본다. 물론 꼭 아이들에게서만 이것을 볼 수 있는 것은 아니다. 그리고 여기에서 우위를 점하는 것은 의지이다. 왜냐하면 단지 뛰어다니고, 팽이를 치고, 달리고, 고함치는 일만이 중요하기 때문이다. 이것은 당장에 실행할 수 있는 일이기 때문에 해보고자 할 수 있는 것이다. 이와 같은 결단을 사교의 즐거움 속에서도 볼 수 있다. 이것은 명령에 따라 이루어지는 즐거움이며, 또한 의상이나 태도를 통해 열성을 기울일 필요가 있는 즐거움이기도 하다. 이것은 명령을 지지하는 것이기도 하다. 도시인에게 특별히 시골생활이 즐거운 것은 그가 시골로 가기 때문이다. 행동은 욕망을 수반한다. 내 생각으로 우리는 불가능한 것을 원하는 방법을 모른다. 또한 도움을 받지 못하는 희망은 슬프다. 이런 이유로 행복을 당연히 자기에게 올 그 무엇인가처럼 기다리고 있는 사람들의 삶은 늘 슬플 따름이다.

사람들은 각자 가정 안에서 폭군을 보았을 것이다. 또한 그들은 아주 짧은 생각으로 이기주의자란 자신의 행복을 남에게 강요하는 사람이라고 생각한다. 하지만 사태가 꼭 이런 식으로 진행되는 것은 아니다. 이기주의자가 슬픈 것은 행복을 기다리기 때문이다. 일상생활에서의 사소한 불편이 전혀 없다고 해도 권태는 오는 법이다. 따라서 이기주의자가 자기를 사랑해주는 사람이나 자기를 두려워하는 사람에게 부과하는 것은 바로 권태와 불행의 법칙이다. 이와는 반대로 유쾌함은 관대함을 지니고 있다. 그것은 받기보다는 주는 것이다. 우리가 타인의 행복을 염두에 두어야 한다는 것은 분명하다. 하지만 우리를 사랑하는 사람들을 위해 할 수 있는 가장 좋은 일은 우리 자신이 행복해지는 일이라는 사실을 사람들은 충분히 말하지 않는다.

예의가 우리에게 가르쳐주는 것이 바로 이것이다. 예의란 내부에 대한 외부의 반작용 때문에 곧장 느껴지는 외관의 행복이다. 이것은 변하지 않는 법칙임에도 줄곧 잊힌다. 그래서 예의 바른 사람들은 보상받고 있다는 것을 알지 못하면서도 즉시 보상받고 있는 것이다. 젊은이들이 내보일 수 있는 효과 만점의 최고의 아첨은, 나이 먹은 사람들 앞에서 행복의 반짝임인 아름다움을 절대로 잃지 않는 것이다. 말하자면 이것은 그들이 베푸는 호의이다. 이 호의라는 말은 의미가 풍부하나 그중에서도 이유 없는 행복, 그러니까 샘에서 솟아나듯이 존재에서 솟구치는 행복을 일컫는 것이다. 호의 속에는 좀 더 많은 주의와 관심이 포함되어 있다. 그리고 이것은 젊음의 풍요로움만으로 충분하지 못할 때 나타난다. 하지만 아무리 폭군이라도 잘 먹는다든가 전혀 권태를 보이지 않는다든가 하는 일은 항상 그의 기분을 즐겁게 해준다. 이런 이유로 우울한 폭군이며 타인의 기쁨을 전혀 좋아하지 않을 것처럼 보이는 폭군도 아주 강한 기쁨을 느끼는 사람들에게는 종종 지거나 정복당한다. 작가들 역시 글을 쓰는 기쁨으로써 사람들을 즐겁게 한다. 해서 사람들은 표현의 행복이니 행복한 표현 등과 같은 말을 하는 것이다. 모든 장식은 기쁨으로 만들어져 있다. 우리와 같은 인간들은 우리에게 가장 쾌적한 것 이외의 다른 것을 절대 요구하지 않는다. 그래서 예의는 처세술이라고 하는 멋진 이름을 얻게 된 것이다. (1923년 4월 10일)

91. 행복해지는 법

어린아이들에게 행복해지는 법을 잘 가르칠 필요가 있다. 불행이 머리 위에 떨어졌을 때 행복해지는 법을 말하는 것이 아니다. 이런 것은 스토아학파에게나 맡겨두자. 그보다는 오히려 상황이 그다지 나쁘지 않고, 또 인생의 괴로움이 사소한 근심거리나 걱정거리 정도일 때 행복해지는 법을 말하는 것이다.

첫 번째 규칙은 현재의 것이건 과거의 것이건 자신의 불행을 남에게 절대 얘기하지 않는 것이다. 두통, 구토, 속 쓰림, 복통 등을 남에게 얘기하는 것은, 설사 말투에 신경을 썼다고 해도 실례로 여겨질 것이다. 이것은 부정이나 오산에 대해서도 마찬가지이다. 어린이들이나 젊은이들, 또 어른들에게도, 그들이 너무 자주 잊고 있는 다음과 같은 점을 설명해주어야 할 것이다. 자신에 대해 넋두리를 하는 것은 다른 사람을 우울하게 하고 불쾌하게 만들 뿐이라는 것이 그것이다. 설사 그들이 속내 이야기를 듣고 싶어 하며 위로해 주는 일을 좋아하는 것처럼 보이는 경우일지라도 말이다. 그도 그럴 것이 슬픔이란 독과 같은 것이어서, 그것을 좋아할 수는 있겠지만, 그렇다고 기분이 좋아지는 것은 아니기 때문이다. 결국, 마지막에 가서 정당한 것은 항상 가장 심오한 감정이다. 저마다 살려고 애쓰지 죽으려고 애쓰는 것은 아니다. 그리고 누구나 다 살아 있는 사람들, 즉 자기 자신은 만족한다고 말하고, 또한 자기 자신이 만족하고 있는 듯이 보이는 사람들을 찾는다. 사람들이 각자 잿더미 위에서 우는 시늉을 하지 않고, 자기의 땔감에 불을 지핀다면 인간 사회는 얼마나 멋있겠는가!

이 규칙들이 예의 바른 사회의 규칙이었다는 사실에 주목하자. 물론 그런 사회에서 자유로이 말하는 일이 없었기 때문에 사람들이 무료했던 것은 사실이다. 프랑스의 부르주아 계급은 사교의 담화에 필요한 솔직한 화법을 모두 되찾을 수 있었다. 그리고 이건 대단히 좋은 일이다. 그렇다고 해서 각자 자기의 근심거리를 가져와 산더미처럼 쌓아도 좋다는 얘기는 아니다. 그건 한층 더 음울한 권태일 따름이다. 이런 이유로 사교의 범위를 가정 밖으로 확대할 필요가 있다. 가족의 테두리 안에서는 지나치게 허물없이 지내며 지나치게 신뢰하기 때문에 사소한 일에도 쉽게 불평을 하게 된다. 만일 상대방의 마음에 들고자 하는 생각이 조금이라도 있다면 그런 사소한 일에 대해서는 생각지도 말아야 할 것이다. 권력을 둘러싸고 책략을 꾸미는 즐거움은 분명 입에 담기엔 따분한 사소한 걱정거리들을 잊어버리게 해주는 데서 연유한다. 책략가는 사서 고생한다고들 말한다. 하지만 이 고생은 음악가나 화가의 고생과 마찬가지로 즐거움으로 바뀐다. 게다가 책략가는 모든 사소한 고민을 얘기할 기회도 시간도 없기 때문에 그 누구보다도 먼저 그런 고민에서 해방되는 것이다. 원칙은 이렇다. 만일 당신이 당신의 고통 —내가 얘기하는 것은 사소한 고통이다— 을 입에 담지 않는다면, 오래지 않아 그것을 생각하지 않게 될 것이다.

내가 생각하고 있는 행복해지는 법 가운데서 나는 나쁜 날씨를 잘 사용하는 방법에 대해 유익한 충고를 하고자 한다. 이 글을 쓰고 있는 지금 비가 내리고 있다. 지붕에 빗방울 떨어지는 소리가 난다. 수많은 작은 도랑들이 소곤댄다. 공기는 씻겨 마치 여과된 것 같다. 구름은 멋있는 헝겊과 비슷하다. 이와 같은 아름다움을 포착하는 법을 배워야 한다. 하지만 어떤 사람은 비가 농작물을 망친다고 말한다. 또 어떤 사람은 진흙이 모든 것을 더럽힌다고 말한다. 그리고 또 다른 사람은 풀밭에 앉으면 기분이 좋을 것이라고 말한다. 물론 그렇다. 누구나 다 안다. 당신이 불평한다고 해서 어떻게 되는 것도 아니다. 그리고 나는 불편함의 비를 흠뻑 맞고, 비는 나를 따라 집안에까지 들어온다. 비가 내릴 때야말로 특히 밝은 얼굴이 보고 싶어 하는 법이다. 그러니까 날씨가 나쁠 때에는 얼굴을 활짝 펴자. (1910년 9월 8일)

92. 행복해야 할 의무

불행하거나 불만을 느끼는 것은 어려운 일이 아니다. 남이 자기를 즐겁게 해주기를 기다리는 왕자처럼 앉아 있는 것만으로 충분하다. 행복을 물건처럼 엿보거나 저울질하는 눈초리는 만물에 권태의 색깔을 입힌다. 그것도 위엄을 가지고 말이다. 왜 냐하면 거기에는 모든 봉헌물을 경멸하는 일종의 힘이 있기 때 문이다. 거기에는 또 어린아이들이 소꿉놀이에서 정원을 만드 는 것처럼, 아주 사소한 것으로 행복을 만들어내는 훌륭한 장 인들에 대한 초조와 분노가 있다. 나는 도피한다. 나는 경험을 통해 스스로 권태로워하는 사람들의 기분을 바꿔줄 수 없다는 것을 잘 알고 있다.

이와는 반대로 행복은 보기에도 아름답다. 그건 가장 아름 다운 구경거리이다. 어린아이보다 더 아름다운 것이 있는가? 어 린아이는 모든 것을 자기의 놀이에 집중시킨다. 자기를 위해 남 이 놀아주기를 기다리지 않는다. 물론 토라진 어린아이는 다른 얼굴, 즉 모든 기쁨을 다 거절하는 얼굴을 보여주기도 한다. 그 런데 다행스럽게도 금방 잊는다. 하지만 누구나 알 수 있듯 결 코 토라진 얼굴을 거두지 않는 커다란 어린아이들도 있다. 그들 말에도 근거가 있다는 것은 안다. 행복해진다는 것은 항상 어 려운 일이다. 그것은 많은 사건과 많은 사람과 벌이는 싸움이다. 그 싸움에서 질 수도 있다. 극복할 수 없는 사건이나 신출내기 스토아주의자가 감당하기 어려운 불행이 있게 마련이다. 하지만 있는 힘껏 싸워보기도 전에 패했다고 생각하지 않는 게 의무이 다. 그리고 특히 분명한 것은 스스로 행복하기를 원하지 않는다면 사람은 절대로 행복해질 수 없다는 것이다. 따라서 사람은 자기의 행복을 원해야 하며 또 그것을 만들어내야 한다.

충분히 거론되지 않은 사실이 하나 있다. 그것은 행복해져야하는 것이 타인에 대한 의무이기도 하다는 것이 그것이다. 행복한 사람이 아니고는 사랑받지 못한다는 말은 참 멋진 말이다. 하지만 사람들은 이 보상이 정당하며 당연하다는 사실을 잊고 있다. 불행, 권태, 절망은 우리 모두가 호흡하고 있는 공기 속에 있기 때문이다. 따라서 우리는 오염된 공기를 견디며 정력적인 본보기로 공동생활을 정화하는 사람들에게 감사하고 승리의 월계관을 씌어줘야 할 것이다. 그래서 사랑 속에는 행복에 대한 맹세 이상으로 심오한 것은 아무것도 없다. 자기가 사랑하는 사람들의 권태, 슬픔, 불행보다 더 극복하기 어려운 것이 어디 있겠는가? 남녀 할것 없이 모두가 계속 이렇게 생각할 것이다. 행복은 가장 아름답고도 가장 관대한 선물이라고 말이다. 물론 여기에서 내가 말하는 행복이란 자기를 위해 획득하는 행복을 의미한다.

심지어 나는 더 나아가 행복하고자 맹세한 사람들에 대한 보상으로 시민의 월계관과 같은 것을 제안해 보고자 한다. 왜냐하면 내 의견으로는 저 모든 시체, 모든 폐허, 어리석은 낭비, 예비 공격 등은 결코 행복해질 수 없었던, 아니면 행복해지려고 노력하는 사람들을 그대로 놔두지 못했던 사람들의 작품이기 때문이다. 어렸을 때 나는 체중이 무겁고, 좀처럼 굴하지 않고, 쉽게 움직이지 않으며, 느리게 감동하는 아이였다. 그래서 종종 슬픔과 권태로 깡마른 경량급 아이들이 내 머리카락을 당기고 놀리며 기뻐했다. 하지만 결국 내가 주먹을 세게 한 대 날림으로써 만사를 해결하곤 했었다. 지금은 난쟁이들이 싸움을 걸어오거나 준비하고 있다는 것을 알게 되더라도, 나는 절대로 그 이유 같은 것을 캐묻지 않는다. 그도 그럴 것이 다른 사람이 태평한 것을 두고 보지 못하는 이 악당들에 대해 내가 충분히 알고 있기 때문이다. 이처럼 내가 보기에 평온한 프랑스는 평온한 독일과 마찬가지로 한 주먹거리밖에 안 되는 장난꾸러기 녀석들에게 시달림을 받다가 나중에 화를 내는 튼튼한 아이와도 같다. (1923년 3월 16일)

93. 맹세하라

비관주의는 기분의 산물이고, 낙관주의는 의지의 산물이다. 매사를 되는 대로 방관하는 사람들은 모두 서글퍼지게 마련이다. 하지만 이것만으로는 표현이 부족하다. 그들은 곧 흥분하고 화를 내게 된다. 규칙이 없다면 어린아이들의 놀이가 싸움으로 변하는 것과 마찬가지이다. 그리고 이렇게 되기까지 자기가 자기를 물어뜯는 터무니없는 힘 이외의 다른 원인은 없다. 결국, 유쾌함이란 없는 것이다. 아니 더 정확히 말하자면 기분은 항상 나쁜 것이 보통이다. 그리고 모든 행복은 의지와 통제의 산물이다. 모든 경우에 이론은 노예이다. 기분이란 놀라운 체계를 만든다. 우리는 미치광이들에게서 이 체계가 확대되는 것을 본다. 자기가 피해를 받았다고 생각하는 불행한 사람의 말에는 항상 그럴싸함과 웅변이 있다는 법이다. 낙관주의적인 웅변은 마음을 가라앉힌다. 이것은 단지 수다스러운 분노와 대립하며, 성난 마음을 가라앉힌다. 실제로 효과가 있는 것은 어조이고, 말은 콧노래만큼도 중요하지 않다. 듣는 사람의 기분을 언짢게 하는 웅얼거림은 제일 먼저 고쳐야 한다. 이것은 우리 내부에 있는 확실한 병이며, 우리 외부의 모든 종류의 병을 일으키기 때문이다. 이런 이유로 예의는 정치의 훌륭한 규칙이다. 예절과 정치라는 이 두 단어는 친화성이 있다. 예의 바른 것은 정치적이다.

이 점에 대해 불면증이 잘 설명해 준다. 그리고 삶 자체가 견딜 수 없는 것이라고 믿게끔 하는 불면증이라는 이 기이한 상태에 대해 누구나 다 알고 있다. 여기서는 더욱 자세히 관찰해볼 필요가 있다. 자기를 통제한다는 것은 삶 일부에 속한다. 아니 그것은 삶을 조직하고 또 삶을 보증한다. 먼저 행동에 의해서이다. 톱으로 나무를 썰고 있는 사람의 몽상은 쉽게 좋은 방향으로 돌아선다. 사냥개들이 먹이를 찾고 있을 때에는 싸움하지 않는 법이다. 따라서 사고思考의 병에 제일 좋은 요법은 나무에 톱질하는 것이라 하겠다. 하지만 명확히 깨어 있는 사고는 그 자체로 이미 마음을 차분하게 한다. 그런 사고는 선택을 함으로써 번거로움을 피하게 해준다. 이번에는 불면증을 살펴보자. 불면증이란 자고 싶다는 욕구이며, 자기 자신에게 꼼짝도 하지 말고 선택도 하지 말라고 명령하는 것이다. 이와 같은 통제가 없는 상태에서는 당장에 여러 가지 움직임과 여러 가지 생각이 하나가 되어 기계적으로 움직인다. 이를테면 개들이 싸우는 것이다. 모든 동작이 신경질적이고, 모든 생각이 자극적이다. 이런 경우에는 가장 친한 친구도 의심하게 된다. 모든 징표는 다 나쁘게 해석된다. 자기 자신이 우스꽝스럽고 바보처럼 보인다. 이와 같은 증상은 상당히 강한 것이어서 나무에 톱질하는 것에 비할 바가 못 된다.

우리는 이렇게 해서 낙관주의는 맹세가 필요하다는 것을 잘 알 수 있다. 처음엔 그것이 기이하게 보일지라도 사람은 행복할 것을 맹세해야 한다. 주인이 매를 들어 때리게 되면 개의 울부짖음은 완전히 멎는다. 마지막으로 조심하기 위해 모든 슬픈 생각을 기만적인 것으로 보아야 한다. 꼭 그렇게 해야만 한다. 왜냐하면 아무 일도 안 하게 되면 곧 저절로 불행을 만들게 되기 때문이다. 권태가 이것을 증명한다. 우리의 생각이 그 자체로는 자극적이지 않다는 것, 우리를 짜증나게 하는 것은 우리 자신의 동요라는 것을 가장 잘 보여주는 것, 그것이 바로 온몸의 긴장이 풀리는 행복한 졸음의 상태이다. 이런 상태는 오래 가지 않는다. 이처럼 잠이 예고되면 곧 잠이 오게 마련이다. 이때 자연스럽게 잠을 잘 자는 기술은 설익은 생각을 하지 말아야 한다는 것이다. 전력을 다해 생각하든가, 아니면 통제되지 않은 생각은 모두 다 허위라는 경험을 살려서 전혀 생각하지 않든가, 그 둘 중의 하나이다. 이와 같은 단호한 판단은 통제되지 않은 생각을 모두 꿈의 위치로까지 끌어내리고 가시 하나 없는 행복한 꿈을 마련해 준다. 이와는 반대로 해몽은 무엇이나 과장해서 설명한다. 이것이야말로 불행의 열쇠라 하겠다. (1923년 9월 29일)

역자 후기

이 책은 알랭의 제자이자 20세기 프랑스의 유명 작가 중 한 명인 쥘리앙 그라크에 의해 '존경할만한 선각자'로 불렸던 알랭의 『행복론』을 우리말로 옮긴 것이다.

역시 알랭의 제자였고 『프랑스사』라는 책으로 우리에게 널리 알려진 앙드레 모로아는 이 책을 '세계에서 가장 아름다운 책들 가운데 한 권'으로 꼽고 있기도 하다. 이 책은 원래 알랭이 신문에 매일 하나의 주제를 정해 자신의 철학적 견해를 가미해 게재했던 약 5천여 편에 달하는 일종의 고정 칼럼 중 '행복'에 관련된 것만을 추려 모은 것이다.

알랭의 『행복론』은 러셀, 톨스토이의 행복론과 더불어 3대 행복론으로 불린다. 다른 행복론에 비해 알랭의 행복론은 다음과 같은 두 가지 점에서 차별화된다.

첫째, 행복이 인간의 권리이자 의무로 규정되고 있다는 점이다. 인간의 행복추구권은 법에 의해 보장되는 권리이다. 권리라는 단어에는 그 주체의 선택, 즉 그것을 행사해도 좋고 그렇지 않아도 좋다는 약간은 느슨한 뉘앙스가 포함되어 있다. 하지만 행복해지는 것이 의무라는 알랭의 주장에서는 행복 추구에 대한 단호함과 비장미가 느껴진다.

둘째, 행복이 그냥 주어지는 것이 아니라 각고의 인내와 노력 끝에 얻을 수 있는 것이며, 따라서 행복하기 위해서는 항상 적극적으로 준비를 해야 한다는 점이다. 아니 그보다 먼저 행복은 행복하고자 하는 강한 의지와 적극적 행동의 결과라는 것이 알랭의 주장이다.

주지하다시피 국내에서 이 책은 여러 차례에 걸쳐 우리말로 옮겨졌다. 그럼에도 불구하고 이번에 이 책을 다시 펴내는 이유로는 기존의 번역본에서 누락되고 잘못된 부분에 대한 수정, 그리고 표현 및 어투의 현대화를 꼽을 수 있다.

마지막으로 유난히 무더운 날씨에도 편집을 위해 애써 주신 기파랑 담당자에게 감사의 마음을 전한다.

2013년 역자 전종윤